Führen mit Kennzahlen

Arthur Bürgi, dipl. Bücherexperte, Eggersriet/St. Gallen

Führen mit Kennzahlen

Ein Leitfaden für den Klein- und Mittelbetrieb

4., erweiterte Auflage 1985
5. Auflage 1987

10

Schriftenreihe
Unternehmungsführung
im Gewerbe

4., korrigierte und erweiterte Auflage 1985
5. Auflage 1987

Alle Rechte vorbehalten
© 1978 by Cosmos-Verlag AG, CH-3074 Muri/Bern
Druck: Ott Druck AG, CH-3607 Thun 7
Einband: J. + M. Sauerer, CH-3097 Liebefeld

ISBN 3 85621 026 1

Vorwort
des Schweizerischen Instituts für Unternehmerschulung im Gewerbe

Der seinerzeitige Entscheid, dem Gewerbe einen praktischen Leitfaden für den Umgang mit betriebswirtschaftlichen Kennzahlen zur Verfügung zu stellen, lag nicht nur im Zuge der damaligen Zeit, sondern hat sich auch bis heute als richtig erwiesen.

Zur Führung eines Klein- und Mittelbetriebes werden mehr denn je Daten und Kennzahlen als Entscheidungsgrundlagen benötigt. Deren laufende Beschaffung wird durch den steten Vormarsch der EDV zwar begünstigt, zwingt indessen auch jeden Unternehmer zunehmend, sich über den Inhalt, die Bedeutung und den Aussagegehalt einer jeden so erhaltenen Kennzahl Klarheit zu verschaffen. Nur so ist es möglich, die richtigen Schlüsse daraus zu ziehen und rechtzeitig und sinnvoll zu handeln.

Mit der vorliegenden fünften Auflage – sie wurde überdies im Jahre 1985 massgeblich erweitert – soll dieses Ziel weiterverfolgt werden. Als eigentliches Handbuch konzipiert, ist darin eine auf der breiten gewerblichen Erfahrung des Autors beruhende Auswahl von Kennzahlen enthalten, die auf die Praxis des Klein- und Mittelbetriebes zugeschnitten ist.

Schweizerisches Institut für
Unternehmerschulung im Gewerbe, SIU

Der Direktor:
B. Aellig
lic. rer. pol.

Bern, im September 1987

Vorwort
des Autors zur 4. Auflage

Auch in der vierten Auflage dieser Broschüre bin ich dem seinerzeitigen Leitgedanken, einen praktischen Leitfaden zur Anwendung von Kennzahlen zu schaffen, treu geblieben.

Die vorgenommenen Überarbeitungen und Ergänzungen stellen eine Aktualisierung des Stoffes dar, wie er sich in der Praxis in den letzten Jahren ergeben hat.

Ich hoffe, daß auch die neue Auflage – wie die bisherigen – sowohl als Lehrmittel zur Vorbereitung höherer Fachprüfungen wie auch als Nachschlagewerk für die praktische Anwendung der Kennzahlen in Klein- und Mittelbetrieben ihren Zweck erfüllen wird.

Arthur Bürgi
dipl. Bücherexperte

Eggersriet/St. Gallen, im Januar 1985

Inhalt

	Vorwort	5
1	Sinn und Zweck der Kennzahlen im Rahmen der Unternehmungsführung	11
2	Arten von Kennzahlen	13
	21 Allgemeine Unterteilung	13
	22 Verhältniszahlen	13
	221 Gliederungszahlen	14
	222 Beziehungszahlen	14
	223 Meßzahlen	15
	23 Kennzahlensysteme	16
	231 Ausgangsbasis für ein Kennzahlensystem	16
	232 Das DU-PONT-System	16
	233 Betriebsindividuelle Kennzahlensysteme	18
3	Voraussetzungen für die Arbeit mit Kennzahlen	23
	31 Die richtige Auswahl der Kennzahlen	23
	32 Kontinuität der Kennzahlenerhebung	23
	33 Realistische Vergleichswerte und Maßstäbe	23
	34 Erkennen und Beurteilen der Zusammenhänge	24
	35 Aktualität der Kennzahlen	25
	36 Ergebniskontrolle	25
4	Basisunterlagen für die Ermittlung von Kennzahlen	27
	41 Betriebsinterne Quellen	27
	411 Zweck und Aufgabe des Finanz- und Rechnungswesens	27
	412 Die Hauptbestandteile des Finanz- und Rechnungswesens	28
	413 Die Finanzbuchhaltung	28
	414 Die Betriebsbuchhaltung (Kostenrechnung)	29
	415 Die Planungsrechnung (Budgetierung)	30
	416 Vergleichsrechnung	30
	42 Betriebsexterne Quellen	31
	421 Basisdaten für den zwischenbetrieblichen Vergleich	31
	43 Die Bereinigung der offiziellen Jahresrechnung für die Erhebung von betriebsinternen Kennzahlen	32
	431 Die Bereinigung der offiziellen Bilanz	33
	432 Die Bereinigung der offiziellen Erfolgsrechnung	43
5	Kennzahlen aus der Bilanz	51
	51 Investierung	51
	511 Investierungsverhältnis	51
	512 Verhältniswerte über die Vermögensstruktur	52
	52 Finanzierung	55
	521 Finanzierungsverhältnis	55
	522 Verhältniswerte über die Kapitalstruktur	56
	523 Finanzierungsnormen	56
	53 Deckungsgrad der Anlagen	57
	531 Anlagendeckungsgrad	57
	532 Nettoumlaufvermögen	57
	54 Liquidität	60
	541 Bilanzmäßige und finanzplanmäßige Liquidität	60
	542 Kennzahlen zur Liquidität	64
	55 Debitoren/Kreditoren	66
	551 Kennzahlen aus dem Bereich Debitoren/Kreditoren	66
	56 Beschaffung/Lagerung	68
	561 Kennzahlen zur Beschaffung/Lagerung	69

6 Kennzahlen aus dem betrieblichen Leistungsprozeß 73
   61 Rentabilität 74
      611 Die verschiedenen Rentabilitätsarten 75
      612 Berechnung der Basisdaten 75
      613 Differentialrentabilität 77
      614 Vollrentabilität 78
      615 Berechnung der verschiedenen Rentabilitätsarten 79
      616 Die Analyse der Rentabilitätsveränderungen 80
      617 Einfluß der Kapitalstruktur auf die Rentabilität 82
      618 Return on Investment (ROI) 84
   62 Produktivität 85
      621 Die Arbeitsproduktivität 86
      622 Zahlenbeispiel zur Anwendung der besprochenen
          Produktivitätskennzahlen 89
      623 Analyse der Produktionsabweichung 90
      624 Interdependenzen zur Wirtschaftlichkeit, Liquidität und Rentabilität 91
   63 Wirtschaftlichkeit 93
      631 Betriebskoeffizient 93
      632 Wirtschaftlichkeitsgrad 94
      633 Zahlenbeispiel zur Anwendung der besprochenen
          Wirtschaftlichkeitskennzahlen 95
      634 Wirtschaftlichkeitsanalyse 96
      635 Wirtschaftlichkeitsmessungen im Materialbereich 99
      636 Wirtschaftlichkeitsmessungen im Lohnkostenbereich 102
   64 Die sechs kritischen Kostenpunkte 104
      641 Definitionen 104
      642 Grafik «Totalkostenkurve» 105
      643 Grafik «Stückkostenkurve» 106
      644 Die Nutzenschwelle 107
      645 Der optimale Kostenpunkt 107
      646 Das Gewinnmaximum 108
      647 Die Nutzengrenze 108
      648 Das Betriebsminimum 108
      649 Das Betriebsmaximum 109
   65 Strukturanalyse der Erfolgsrechnung 109
      651 Erläuterung der mit der Erfolgsrechnung zusammenhängenden Begriffe 110
      652 Die verschiedenen Arten der Erfolgsrechnung 114
      653 Analyse der Aufwandstruktur 119
      654 Analyse der Ertragsstruktur 122
      655 Analyse der Auftragsstruktur 123
      656 ISO-DB-Kurven 124
      657 Der Cash Flow 130
      658 Die Wertschöpfung 132

7 Formelsammlung der besprochenen Kennzahlen 133
   71 Kennzahlen aus der Bilanz 134
   72 Kennzahlen aus dem betrieblichen Leistungsprozeß 138

8 Kennzahlenermittlung und Kennzahlenanalyse anhand praktischer Beispiele 145
   81 *Beispiele Detailhandelsbetrieb:* Betriebsindividuelles Kennzahlengerüst
      und zwischenbetrieblicher Vergleich 146
      811 Ausgangslage/Basisdaten 146
      812 Betriebsindividuelles Kennzahlengerüst 147
      813 Erläuterungen zu den Berechnungen 149
      814 Analyse und Kommentar 150
   82 *Beispiel Produktionsbetrieb:* Produktivitätsanalyse 152
      821 Ausgangslage/Basisdaten 152
      822 Ermittlung der Produktivitätskennzahlen 153

	83 *Beispiel Gastgewerbe:* Bilanzanalyse/Umsatzkennzahlen	157
	831 Ausgangslage/Basisdaten	157
	832 Bilanzanalyse und Kommentar	158
	833 Umsatzkennzahlen	159
9	Schlußbemerkungen	161
10	Verzeichnis der Abkürzungen	163
11	Literaturverzeichnis	165
12	Sachwortverzeichnis	167

1
Sinn und Zweck der Kennzahlen
im Rahmen der Unternehmungsführung

Die gezielte Vorbereitung unternehmerischer Entscheide erfordert laufende Informationen aus dem betrieblichen Geschehen, die der Unternehmungsleitung die Stärken und Schwächen der eigenen Unternehmung aufzeigen. Der wirtschaftliche Wettbewerb verlangt von den Beteiligten Anpassungsfähigkeit, rasche Entscheidungen und Beweglichkeit.

Die Unternehmungsleitung sieht sich daher mit zwei grundsätzlichen Problemen konfrontiert:

- Um im Rahmen der unternehmerischen Entscheidungsprozesse besser als die Konkurrenz ein Problem analysieren und zusammenhängend beurteilen zu können, müssen die nötigen aktuellen Informationen als Entscheidungsgrundlage vorliegen.

- Dabei läuft man in Anbetracht der täglichen Fülle von Informationen und Entscheidungen Gefahr, das Wesentliche nicht mehr vom Unwesentlichen trennen zu können.

Also muß ein Weg gefunden werden, der der Unternehmungsleitung die notwendigen Informationen in verdichteter und aussagekräftiger Form zugänglich macht. Ein solcher Weg ist die Erarbeitung von betriebswirtschaftlichen Kennzahlen, deren Zweck es ist, in quantitativ knapper, jedoch qualitativ prägnanter Weise jene Sachverhalte festzuhalten, die von den verantwortlichen Stellen in der Unternehmungsleitung als Entscheidungsgrundlage gebraucht werden können.

2
Arten von Kennzahlen

Unter Kennzahlen werden relative und absolute Zahlen verstanden, die knapp und überschaubar über betriebliche Sachverhalte informieren.

Kennzahlen sollen also Zahlen sein, die einen Kennwert haben und somit

- Informationen, «die man kennen sollte»
- Informationen, die interessant, wichtig oder gar notwendig sind
- Informationen, mit denen man arbeiten kann
- Informationen, die als Meßinstrument oder als Vergleichsbasis brauchbar sind

vermitteln.

21 Allgemeine Unterteilung

Eine erste Unterscheidung wird zwischen Kennzahlen, die einen *hohen Informationsgrad* beinhalten, und solchen, die mehr den Charakter eines *Maßstabes* aufweisen, getroffen. Zahlen mit *hohem Informationsgrad* können z. B. der Marktanteil eines bestimmten Produktes, der Anteil einer Produktegruppe am Gesamtumsatz oder der Anteil der Sozialleistungen an der Gesamtlohnsumme sein.

Kennzahlen mit *Maßstabcharakter* geben z. B. Aufschluß über die Auftragsstruktur, die Produktivität in Mengeneinheiten je Arbeitsstunde oder die Ausschußquoten. Eine weitere Unterscheidung erfolgt zwischen den sog. *statischen* und den *dynamischen* Kennzahlen.

Statische Kennzahlen sind Daten, die sich auf eine stichtagbezogene Erhebung stützen (z. B. statische Liquiditätskennzahlen, die aus einer Bilanz erhoben werden).

Dynamisch gesehen wird besonders im betrieblichen Geschehen mehr die Veränderung oder die Abweichung und damit die *Relativierung* interessieren.

Daher sind auch die meisten der betriebswirtschaftlich maßgebenden Kennzahlen sogenannte *Verhältniszahlen*.

22 Verhältniszahlen

Verhältniszahlen spielen bei der Betriebsanalyse und auch beim Betriebsvergleich eine bedeutende Rolle. Sie werden in den meisten Fällen durch eine

Proportion zum Ausdruck gebracht. Die häufigste Form sind im Rahmen der betriebswirtschaftlichen Statistik die Prozentzahlen, weil sie eine leichte Vorstellung der Größenverhältnisse vermitteln.

Die Verhältniszahlen sind in drei Gruppen unterteilt[1]:
- **Gliederungszahlen**
- **Beziehungszahlen**
- **Meßzahlen** (einfache Meßzahlen und Indexzahlen)

221 Gliederungszahlen

Die Gliederungszahlen drücken strukturelle Verhältnisse aus. Die Gesamtmasse dient dabei als Basis, d. h. sie entspricht 100%, während die Teilmassen in %-Anteilen davon ausgedrückt werden.
Die Gliederungszahlen werden im Rahmen der Unternehmung z. B. zur Beurteilung der Bilanzstruktur, also der Investierungs- und Finanzierungsverhältnisse angewandt.

Beispiel:

Aktiven	Fr.	%	Passiven	Fr.	%
Umlaufvermögen	150	30	Fremdkapital	250	50
Anlagevermögen	350	70	Eigenkapital	250	50
Gesamtvermögen	500	100	Gesamtkapital	500	100

Gliederungszahlen sind daher nur aussagekräftig, wenn ihnen die entsprechenden absoluten Zahlen beigegeben werden.
Ist z. B. der Materialanteil an einem Produkt in einem Jahr relativ hoch oder vorherrschend und verschiebt sich in einer spätern Rechnungsperiode diese Tatsache wesentlich, verschieben sich automatisch die andern Kostenanteile, obwohl vielleicht eine absolute Veränderung der übrigen Größen gar nicht stattgefunden hat. Eine isolierte Betrachtung der Zahlen würde hier zu falschen Schlußfolgerungen führen.

222 Beziehungszahlen

Durch die Beziehungszahlen sollen Zusammenhänge und Beziehungen zwischen zwei selbständigen Massen aufgezeigt werden. Sie dienen im Rahmen der Betriebsanalyse der Auswertung von betrieblichen Zusammenhängen.

---
[1] Hunziker/Scheerer, Statistik, Instrument der Betriebsführung, Zürich, 1975; Seite 118 ff.

Die Arbeit mit den Beziehungszahlen bedingt fundierte Kenntnisse des betrieblichen Geschehens und erfordert einen kritischen Sinn, damit nicht falsche Schlüsse gezogen und Zusammenhänge erblickt werden, wo in der Tat keine bestehen.
Mit Hilfe der Beziehungszahlen werden u. a. die Rentabilität, die Produktivität und die Wirtschaftlichkeit überwacht.

Beispiel:

Berechnung der Eigenkapitalrentabilität:
- ∅ eingesetztes Eigenkapital   Fr. 307.375
- Erfolg zugunsten des Eigenkapitals   Fr. 22.370

- *Eigenkapitalrentabilität:* $\dfrac{22.370 \times 100}{307.375} = 7,28\%$

223 Meßzahlen

Es werden grundsätzlich zwei Gruppen unterschieden:

2231 Einfache Meßzahlen

Die einfachen Meßzahlen dienen dem sog. Entwicklungsvergleich[2]. Aus einer Reihe von Zahlen wird eine sog. Basiszahl gewählt, auf die die übrigen Zahlen der Reihe bezogen werden. Als Basiszahl wird dabei oft auch eine Durchschnittszahl (meistens das arithmetische Mittel einer Reihe) gewählt. Die Basiszahl wird dabei gleich 100 gesetzt.

Beispiel:

Jahre	19.1	19.2	19.3	19.4	19.5
Ausstoß in Stück	730	790	796	810	790
Meßzahl (Basis 19.1)	100	108	109	111	108

2232 Indexzahlen

Indexzahlen sind umfassender in ihrer Aussagekraft als die einfachen Meßzahlen, weil sie den Verlauf mehrerer sachlich zusammengehörender Reihen durch eine Zahl charakterisieren. Indexzahlen sind besonders im Rahmen der Volkswirtschaft gebräuchlich (Beispiel: Landesindex der Konsumentenpreise). Im Rahmen der betriebswirtschaftlichen Statistik werden Indexzahlen z. B. zur Darstellung der Umsatzentwicklung verwendet.

---

[2] Hunziker/Scheerer, a. a. O., Seite 121

23 Kennzahlensysteme

Es gibt kein Kennzahlensystem, das sich als allgemeingültig erwiesen hat. Die Individualität der Branchen und der einzelnen Unternehmungen setzt beim Aufbau eines Kennzahlensystems unterschiedliche Schwerpunkte.

231 Ausgangsbasis für ein Kennzahlensystem

Ein Kennzahlensystem muß für jede Unternehmung individuell erstellt, dauernd überprüft und ergänzt werden. Ausgegangen wird dabei meistens vom Betriebsziel und von den Betriebsmitteln als Ordnungsfaktoren.

Zur Erreichung eines aussagekräftigen Kennzahlensystems wird es nötig sein, das Betriebsziel in verschiedene Teilziele zu unterteilen.

Beispiel:

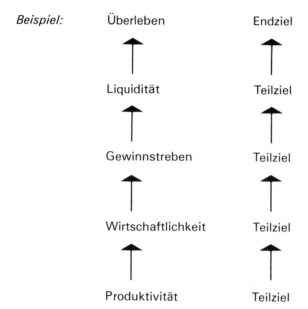

232 Das DU-PONT-System

Eines der bekanntesten Kennzahlensysteme ist der sog. *Du-Pont-Baum,* dessen Endziel das Erreichen einer angemessenen *Gesamtkapitalrentabilität* ist (vergl. auch Seite 84).

Return on Investment
(ROI)

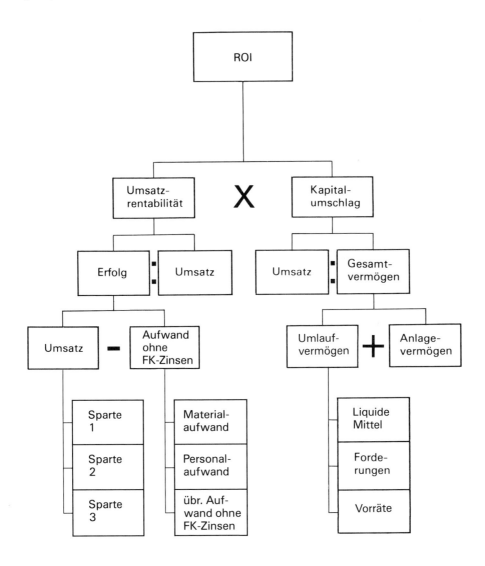

233 Betriebsindividuelle Kennzahlensysteme

Grundsätzlich soll bei der Erarbeitung eines betriebsindividuellen Kennzahlensystems davon ausgegangen werden, jene Kennzahlen zu ermitteln, die für die Unternehmungsleitung entscheidende Führungsinformationen vermitteln. Es werden also sowohl qualitative als auch quantitative Maßstäbe zu setzen sein, wobei immer daran zu denken ist, daß gerade auf dem Gebiet der Kennzahlen weniger oft mehr ist.

Das betriebsindividuelle Kennzahlensystem soll komprimierte Informationen zur Planung, Durchführung und Kontrolle des betrieblichen Geschehens vermitteln. Ausgangsbasis ist ein einfacher Ordnungsrahmen, der in einem spätern Zeitpunkt je nach Bedarf erweitert werden kann.

Das Beispiel auf den Seiten 19–21 zeigt ein einfaches Kennzahlensystem (Minimalanalyse) und zu jedem Bereich eine mögliche Erweiterung (Ausbaustufe). Wichtig sind in jedem Fall die Gegenüberstellung von Vergleichswerten (hier der Vorjahreswerte) sowie, wo nötig, die entsprechenden Erläuterungen (Bemerkungen).

Entscheidend ist der Wille der Unternehmungsleitung, ein individuelles Kennzahlensystem für den eigenen Betrieb aufzubauen und das Vertrauen in die Aussagekraft dieser Kennzahlen zu gewinnen. Ein Kennzahlensystem, in sachlich sinnvoller Weise nach den betriebsindividuellen Bedürfnissen aufgebaut, ist ein echtes Hilfsmittel der Unternehmungsführung, weil es erlaubt, die Vorgänge in der Unternehmung komprimiert und ausgewogen zu analysieren, um so die für die Entscheide wichtigen Grundlagen zu schaffen.

Beispiel eines einfachen Kennzahlensystems (Minimalanalyse) mit möglichen Erweiterungen (Ausbaustufe) [3]

Minimalanalyse		IST	Vorjahres-wert	Bemerkungen
A Liquidität				
Liquidität 2. Grades	$\dfrac{\text{Zahlungsmittel + Forderungen}}{\text{Kurzfristige Verbindlichkeiten}}$ =		1.03	
Ausbaustufe				
Liquidität 3. Grades	$\dfrac{\text{Umlaufvermögen}}{\text{Kurzfristige Verbindlichkeiten}}$ =		2.08	
Netto-umlauf-vermögen	Umlaufvermögen ./. kurzfristiges Fremdkapital = Nettoumlaufvermögen =		334 000	
⌀ Debito-renziel	$\dfrac{\varnothing \text{ Debitorenbestand} \times 360}{\text{Fakturierter Kreditumsatz}}$ =		Tg. 39 Tg.	
Sollbestand Debitoren 35 Tage	$\dfrac{\text{Fakt. Kreditumsatz} \times \text{Normz.frist}}{360}$ =		Fr. –	
⌀ Kredito-renziel	$\dfrac{\varnothing \text{ Kreditorenbestand} \times 360}{\text{Kreditaufwand}}$ =		Tg. 72 Tg.	
Sollbestand Kreditoren 30 Tage	$\dfrac{\text{Kreditaufwand} \times \text{Normz.frist}}{360}$ =		Fr. –	
Material-umschlag	$\dfrac{\text{Materialaufwand}}{\varnothing \text{ Materialvorräte}}$ =		× 5,8 ×	
Lager-umschlag	$\dfrac{\text{Lagerabgänge}}{\varnothing \text{ Materialvorräte}}$ =		× 1,04 ×	
Lagerdauer in Tagen	$\dfrac{360}{\text{Materialumschlag}}$ =		Tg. 62 Tg.	
	$\dfrac{360}{\text{Lagerumschlag}}$ =		Tg. 346 Tg.	
Minimalanalyse				
B Rentabilität/Wirtschaftlichkeit				
Umsatz-rentabilität (Erfolgs-koeffizient)	$\dfrac{\text{Tats. Betriebserfolg} \times 100}{\text{Tatsächlicher Umsatz}}$ =	%	1,3%	

[3] OBT Treuhand AG: Kennzahlen als Führungsmittel in der Bauunternehmung, St. Gallen, 1983

Minimalanalyse			IST	Vorjahres-wert	Bemerkungen
Kapitalumschlag	Tatsächlicher Umsatz / ⌀ Gesamtkapital	=	×	1,73 ×	
Eigenkapitalsrentabilität	Erfolg zug. des EK × 100 / ⌀ Eigenkapital	=	%	4,79 %	
Gesamtkapitalsrentabilität	Erfolg zug. des Gesamtkap. × 100 / ⌀ Gesamtkapital	=	%	4,39 %	
Zinskoeffizient	Fremdkapitalzinsen × 100 / Tatsächlicher Umsatz	=	%	1,24 %	
Ausbaustufe					
Cash Flow	Tatsächlicher Betriebserfolg + Abschreibungen = Cash Flow			81 000	
Nettoumsatz pro Beschäftigten	Tatsächlicher Umsatz (netto) / Beschäftigte Personen	=	Fr.	69 532	
Wertschöpfung pro Beschäftigten	Wertschöpfung / Beschäftigte Personen	=	Fr.	50 040	

Minimalanalyse
C Sicherheitsbereich

Immobilisierungsgrad	Anlagevermögen × 100 / Gesamtvermögen	=	%	36,4 %	
Flüssigkeitsgrad	Umlaufvermögen × 100 / Gesamtvermögen	=	%	63,5 %	
Eigenfinanzierungsgrad	Eigenkapital × 100 / Gesamtkapital	=	%	48,5 %	
Fremdfinanzierungsgrad	Fremdkapital × 100 / Gesamtkapital	=	%	51,5 %	
Anlagedeckungsgrad 2	(EK + langfr. FK) × 100 / Anlagevermögen	=		190,8	
Ausbaustufe					
Selbstfinanzierungsgrad	(Reserven + Gewinnvortrag) × 100 / Grundkapital	=		96,0	
Anlagedeckungsgrad 1	Eigenkapital × 100 / Anlagevermögen	=		133,1	

Aufwandstruktur	IST	Vorjahreswert
Nettoumsatz	100,0	100,0
Materialaufwand	25,9	26,9
Bruttogewinn I	74,1	73,1
Löhne und Gehälter	43,1	43,4
Sozialleistungen, Personalnebenkosten	10,1	10,2
Bruttogewinn II	20,9	19,5
Miete	1,8	1,7
Kapitalzinsen	1,3	1,2
Abschreibungen auf Maschinen und Einrichtungen	3,0	2,4
Abschreibungen auf Auto und Fuhrpark	1,2	1,0
Unterhalt und Reparaturen durch Dritte	3,5	3,8
Fremdleistungen	1,3	1,3
Übrige Versicherungsprämien	1,2	1,2
Strom, Wasser, Energie	1,8	1,7
Büro- und Verwaltungsaufwand	2,0	2,2
Werbung	0,9	1,0
Sonstiger Betriebsaufwand	0,8	0,7
Betriebsgewinn	2,1	1,3

3 Voraussetzungen für die Arbeit mit Kennzahlen

Um aussagekräftige Informationen zu erhalten, müssen bei der Erarbeitung und Interpretation von Kennzahlen folgende Punkte berücksichtigt werden:

31 Die richtige Auswahl der Kennzahlen

Der qualitative Gehalt der gewählten Kennzahlen ist dem quantitativen Moment vorzuziehen.

32 Kontinuität der Kennzahlenerhebung

So aussagekräftig und vielseitig Kennzahlen sein können, so unzureichend und gefährlich ist es jedoch, eine Kennzahl isoliert zu betrachten. Sie müssen immer in einen betrieblichen Zusammenhang gestellt werden. Bei einer isolierten Betrachtungsweise läuft man leicht Gefahr, die Aussagekraft einzelner Kennzahlen überzugewichten und die übrigen betriebsindividuellen Zusammenhänge aus den Augen zu verlieren.

Es ist deshalb von größter Bedeutung, daß sich die Unternehmungsleitung über den Informationsgehalt jeder einzelnen Kennzahl genau im klaren ist. Sie muß also genau wissen, welche Größen mit einer bestimmten Kennzahlenformel relativiert werden. Nur so wird es möglich sein, die geforderten Kontinuität bei der Erhebung und Auswertung von Kennzahlen zu erreichen.

33 Realistische Vergleichswerte und Maßstäbe

Eine isoliert in den Raum gestellte Kennzahl ist wertlos, wenn sie nicht einem Vergleichswert oder einem bestimmten Maßstab gegenübergestellt werden kann.

Solche Vergleichswerte und Maßstäbe können sein:

— ein SOLL- oder BUDGET-Wert, der als Zielvorgabe dient und anhand dessen die Abweichung zur IST-Kennzahl festgestellt werden kann.
— im Rahmen des zwischenbetrieblichen Vergleiches z.B. in einer ERFA (Erfahrungsaustausch)-Gruppe erarbeitete Vergleichszahlen.
— kontinuierlich erhobene Werte aus früheren Geschäftsjahren.
— Branchendurchschnitte (z. B. aus Verbandsstatistiken).

Der Unternehmer, welcher mit Kennzahlen arbeitet, wird nicht darum herumkommen, für seinen Betrieb gültige Maßstäbe und Vergleichswerte zu setzen, auf deren Grundlage er die Beurteilung und Wertung der erhaltenen Informationen stellen muß.

34 Erkennen und Beurteilen der Zusammenhänge

Das gezielte Arbeiten mit Kennzahlen setzt in besonderem Maße Kenntnisse der Interdependenzen im betrieblichen Geschehen voraus[4]. So sagt z. B. eine prozentuale Zunahme des Umsatzes noch lange nicht, daß effektiv mehr Ware umgesetzt wurde. Vielleicht sind lediglich die Preise erhöht worden. Auch eine erhöhte Produktion pro Arbeitsstunde läßt nicht unbedingt auf eine verbesserte Arbeitsleistung der Mitarbeiter schließen. Sie kann z. B. auch durch die Inbetriebnahme einer modernen Produktionsanlage entstanden sein, welche ihrerseits mit wesentlichen Investitionen verbunden war, die allenfalls einen negativen Einfluß auf die Liquidität der Unternehmung hatten.

Es ist daher wichtig, die Aussage einer bestimmten Kennzahl in den weiteren Zusammenhängen zu sehen. Dazu sind nebst fundierten Kenntnissen der Vorgänge und Abläufe im eigenen Betrieb solche der betriebswirtschaftlichen Zusammenhänge nötig.

Beispiel[5]:

Feststellung:	*Folgen dieser Tatsache:*
Die **Produktivität** stieg.	Die Produktivitätssteigerung wurde mit **Investitionen** erkauft.
	Das **Fremdkapital** nahm zu. Die Bilanzsumme wurde größer.
	Der **Kapitalumschlag** nahm ab, desgleichen die **Liquidität.**
	Höhere **Kapitalkosten** kompensierten weitgehend den Zeitgewinn.
	Das **Lohnniveau** wuchs ohnedies, so daß der **Personalkostenanteil am Produkt** nicht sichtbar geringer wurde.
	Die **Rentabilität** ging zurück.

[4] vergl. Schott G., a. a. O., Seite 14
[5] Schott G., a. a. O., Seite 201

35 Aktualität der Kennzahlen

Wenn die *Kennzahlen* als Hilfsmittel zur Unternehmungsführung dienen sollen, *müssen* sie *aktuell* sein. Was nützt im September des laufenden Geschäftsjahres die Feststellung, daß am Abschlußstichtag des Vorjahres die Unternehmung eine gute Kassaliquidität aufwies? Sogenannte historische Kennzahlen sind für den Unternehmer wohl interessant, helfen jedoch für die aktuellen Probleme der Unternehmungsführung meistens nicht weiter[6]. Aktuelle Kennziffern sind also anzustreben! Dies bedingt allerdings, daß die Unternehmung auch über ein aktuelles Finanz- und Rechnungswesen verfügt, ein Tatbestand, der im folgenden Kapitel noch eingehend behandelt wird.

36 Ergebniskontrolle

Kennzahlen sind ein bevorzugtes Mittel zur Durchführung eines permanenten SOLL/IST-Vergleiches. Die genaue Untersuchung und Analyse der Abweichungen wird mithelfen, die Ursachen von Erfolg oder Mißerfolg aufzudecken und die entsprechenden Korrekturen im Betriebsablauf vorzunehmen.

Zusammenfassend sei festgehalten, daß die erfolgreiche Arbeit mit Kennzahlen ein geplantes Vorgehen erfordert. Nur dort, wo über die Auslese der Kennzahlen für das eigene Kennzahlensystem, über die kritische Bestimmung der Vergleichsgrößen und Maßstäbe und schließlich über die gezielte Ergebniskontrolle klare Vorstellungen und Richtlinien bestehen, werden die Kennzahlen als Hilfsmittel der Unternehmungsführung erfolgreich eingesetzt werden können.

---

[6] Twerenbold M. W., a. a. O.

4 Basisunterlagen für die Ermittlung von Kennzahlen

Die wichtigsten Basisdaten für die Erarbeitung von Kennzahlen werden aus dem Finanz- und Rechnungswesen einer Unternehmung gewonnen. Dabei genügt es nicht, sich lediglich auf die Finanzbuchhaltung zu basieren. Einerseits beziehen sich Kennzahlen aus der Finanzbuchhaltung auf Vergangenheitswerte, und andererseits berühren sie lediglich das enge Spektrum des Finanzbereiches. Eine gut ausgebaute Betriebsbuchhaltung bietet hier eine zusätzliche Fülle von Informationen. Budgetierung und Planungsrechnungen sind weitere Quellen, die Basisdaten für Kennzahlen liefern können.

41 Betriebsinterne Quellen

411 Zweck und Aufgabe des Finanz- und Rechnungswesens

Das Finanz- und Rechnungswesen hat die Aufgabe, dem Unternehmer diejenigen innerbetrieblichen Informationen zu liefern, die für die Planung, Organisation und Kontrolle des Leistungsprozesses nötig sind. Es ist somit in erster Linie ein betriebliches Steuerungsinstrument für zukunftsgerichtete Maßnahmen. Zur Lösung von Führungsproblemen ist ein zweckmäßig aufgebautes Rechnungswesen nötig. Der moderne Unternehmer und das Rechnungswesen gehören untrennbar zusammen.

412 Die Hauptbestandteile des Finanz- und Rechnungswesens[7]

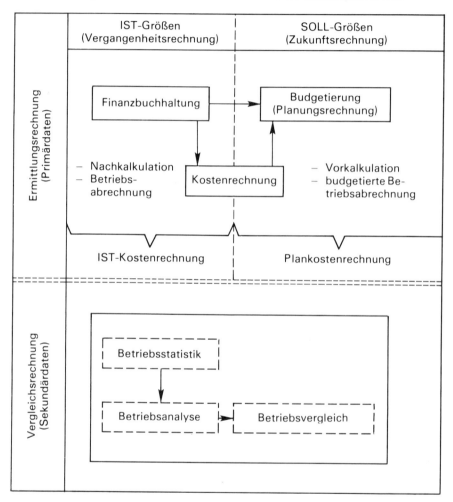

413 Die Finanzbuchhaltung

Die Finanzbuchhaltung dient der Beurteilung von heutigem Stand und bisheriger Entwicklung der Unternehmung als Ganzes, wobei

- der laufende Geschäftsverkehr chronologisch (Journal) und systematisch (Konten) erfaßt,

[7] Bürgi A., Einführung in die Kostenrechnung, SIU (620) Bern, Seite 2 ff.

- die Vermögenslage in bestimmten Zeitpunkten (Bilanz) ermittelt,
- der Unternehmungsgesamterfolg in bestimmten Rechnungsperioden berechnet (Erfolgsrechnung) und
- die Zahlungsfähigkeit (Liquidität) laufend überprüft wird.

Die Finanzbuchhaltung ist eine externe Rechnung, d. h. ihre Ergebnisse gehen nach außen (z. B. an die kreditgebende Bank).

Die Zahlen und Ergebnisse der Finanzbuchhaltung sind durch die unternehmungspolitischen Gesichtspunkte geprägt. Sie werden von Außenstehenden (z. B. Banken, Aktionären usw.) in Ermangelung genauerer Zahlen zur Erarbeitung von Kennzahlen beigezogen. Dem Unternehmer selbst bieten jedoch diese Unterlagen im Zuge der Weiterverarbeitung zu Kennzahlen wenig Gewähr für Genauigkeit, weil sie durch unternehmungspolitische Faktoren (wie z. B. stille Reserven, steuerliche Überlegungen, Dividendenpolitik, Bewertungsvorschriften usw.) verfälscht sind.

Für die betriebsinterne Arbeit mit Kennzahlen hat daher in allen Fällen vorgängig eine Bereinigung dieser Basisdaten aus der Finanzbuchhaltung zu erfolgen.

Nebst den eigentlichen Hauptbestandteilen der Finanzbuchhaltung werden auch die diversen Hilfsrechnungen aus diesem Bereich beigezogen, wie z. B.

- Inventare
- Debitoren-/Kreditorenbuchhaltungen
- Lohnbuchhaltung

Als weitere Rechnung im Rahmen der Finanzbuchhaltung hat die Kapitalflußrechnung (auch «dritte Jahresrechnung» genannt) zunehmend an Bedeutung gewonnen. Sie gibt Aufschluß darüber, welche Mittel der Unternehmung in der Rechnungsperiode zugeflossen sind und wie diese Mittel verwendet wurden. Damit werden die *finanziellen Vorgänge* transparent dargestellt.

414 Die Betriebsbuchhaltung (Kostenrechnung)

Die Betriebsbuchhaltung dient der Feststellung von Kosten und Erträgen der Produkte oder Leistungen im einzelnen sowie als Gesamtheit und damit in erster Linie der Preisstellung. Daneben liefert sie Anhaltspunkte zur Festlegung der weitern absatzpolitischen Instrumente, wie z. B. Sortimentsgestaltung, Absatzwege, Werbemaßnahmen usw.

Dabei werden

- die tatsächlichen Kosten und Leistungswerte für einzelne Produkte und Produktegruppen (Nachkalkulation) sowie
- für den Betrieb als Ganzes (Betriebsabrechnung) ermittelt,

- die zukünftigen Kosten und Leistungswerte für einzelne Produkte und Produktegruppen (Vorkalkulation) sowie
- für den Betrieb als Ganzes (budgetierte Betriebsabrechnung, Plankostenrechnung) berechnet.

Unter den Oberbegriff der Betriebsbuchhaltung fallen insbesondere auch die nachstehenden Hilfsrechnungen:

- Materialbuchhaltung (evtl. Zahlen der Materialbewirtschaftung)
- Anlagekartei
- Stunden- und Wochenrapporte (Leistungsstatistik) usw.

Die Betriebsbuchhaltung ist eine interne Rechnung, d. h. sie befaßt sich mit den effektiven betrieblichen Verhältnissen und ist von der verfälschten Betrachtungsweise der Finanzbuchhaltung befreit. Eine von der Finanzbuchhaltung klar abgegrenzte Kostenrechnung, welche das gesamte betriebliche Geschehen umfaßt, bürgt naturgemäß für die aussagekräftigsten Kennzahlen.

415 Die Planungsrechnung (Budgetierung)

Die Planungsrechnung dient der zahlenmäßigen Festlegung der in Zukunft gewollten Gestaltung der Unternehmung als Ganzes – sowohl im Sinne einer Prognose wie auch einer Zielsetzung –, wobei

- im Budget (budgetierte Bilanz und Erfolgsrechnung) die einzelnen Teilbudgets (Absatz-, Produktions-, Beschaffungs-, Investitions- und Finanzbudget) zusammengefaßt und abgestimmt werden und
- in der Budgetkontrolle die erreichten mit den geplanten Werten verglichen werden (Soll/Ist-Vergleich).

Die in dieser Rechnung erarbeiteten Zukunfts- oder Planungswerte dienen im Rahmen der Kennzahlen als Vergleichswerte und Maßstäbe und sind somit Voraussetzung für eine gezielte Betriebsanalyse und eine zielgerichtete Auswertung und Interpretation der entsprechenden Abweichungen.

416 Vergleichsrechnung

Die unter diesem Oberbegriff zusammengefaßten Gebiete «Betriebsstatistik, Betriebsanalyse und Betriebsvergleich» sind das eigentliche Anwendungsgebiet der betrieblichen Kennzahlen.

Die Vergleichsrechnungen basieren auf bereits bestehenden Daten (Primärdaten) und dienen der Darstellung der Entwicklung bestimmter Größen und der Erforschung der für diese Entwicklung maßgeblichen Ursachen, wobei

- die Primärdaten systematisch gegliedert und aufbewahrt werden (Betriebsstatistik),

- zur Beurteilung des Ist-Zustandes sowie zur Festlegung von Soll-Ziffern durch Bildung von Kennzahlen Beziehungen zwischen den verschiedenen Daten hergeleitet werden (Betriebsanalyse) und
- Daten des eigenen Betriebes mit solchen anderer Betriebe verglichen werden (Betriebsvergleich).

42 Betriebsexterne Quellen

421 Basisdaten für den zwischenbetrieblichen Vergleich

Beim zwischenbetrieblichen Vergleich wird der gleiche Sachverhalt zum selben Zeitpunkt oder Zeitraum in zwei oder mehreren Betrieben (oft auch in einer Vielzahl von Betrieben gleicher Branche) gegenübergestellt.

Der Nutzen eines Betriebsvergleiches hängt entscheidend vom Wert der Konzeption ab, die ihm zugrunde liegt. Einige wichtige Voraussetzungen für einen brauchbaren Betriebsvergleich sind z. B.

- die Anwendung gleicher Kontenpläne
- die Anwendung einheitlicher Kontierungsrichtlinien
- die Erzeugung von Leistungen gleicher Art und Qualität
- die Anwendung ähnlicher Produktionsverfahren
- eine vergleichbare Betriebsgröße.

Der Betriebsvergleich soll verdeutlichen, wie der Einzelbetrieb im Vergleich mit andern Betrieben dasteht. Er soll Maßstäbe setzen und zeigt im Konkurrenzbereich Höchst- und Niederstwerte, Streubreiten und Mittelwerte an. Er setzt Richtwerte, die wiederum als Beurteilungskriterien dienlich sein können.

Auch hier gilt wie bei der übrigen Arbeit mit Kennzahlen, daß der Aussagewert des Betriebsvergleiches mehr durch die Qualität seiner Konzeption als durch die Quantität der erhaltenen Kennzahlen bestimmt wird.

Kein noch so ausgeklügelter Betriebsvergleich kommt allerdings ohne die Generalisierung von Fakten aus. Eine kritische Würdigung der eigenen, individuellen Tatbestände wird daher beim Arbeiten mit Kennzahlen aus einem Betriebsvergleich stets vordringlich sein.

Kennzahlen für den zwischenbetrieblichen Vergleich können aus verschiedenen Quellen erhoben werden[8]:

4211 Verfügbare Statistiken

Als Beispiel seien Statistiken von Verbänden und Behörden genannt.

---

[8] Twerenbold M. W., a. a. O.

4212 Kennzahlen aus einer ERFA-Gruppe

Der Erfahrungsaustausch ist ein hervorragendes Forum für Branchenvergleiche im kleinen Rahmen. Dabei ist allerdings eine gezielte Mitarbeit aller Gruppenteilnehmer Voraussetzung für eine erfolgreiche Tätigkeit. Gut geführte ERFA-Gruppen verfügen in den meisten Fällen über betriebswirtschaftlich bereinigte Kennzahlen, die von den einzelnen angeschlossenen Betrieben als Orientierungshilfen geschätzt werden.

4213 Verbandseigene Betriebsvergleiche

Viele Branchenverbände führen verbandseigene Betriebsvergleiche durch. Bei klar definierten Erhebungskriterien bieten auch solche Kennzahlen für den einzelnen Betriebsinhaber wertvolle Vergleichsgrößen.

43 Die Bereinigung der offiziellen Jahresrechnung für die Erhebung von betriebsinternen Kennzahlen

Die in der Schweiz geltenden obligationenrechtlichen Bestimmungen richten sich nach dem sog. Niederstwertprinzip und sind im Sinne des Gläubigerschutzes auf den Grundsatz der vorsichtigen Bilanzierung ausgerichtet. Daraus resultieren vielfach sog. *stille Reserven,* die aus der offiziellen Jahresrechnung nicht ersichtlich sind.

Unter stillen Reserven versteht man generell die Unterbewertung von Aktiven und/oder die Aufnahme von fiktiven Passiven in die Bilanz[9].

Durch die nach unternehmungspolitischen Gesichtspunkten festgesetzten (meistens auf den steuerlichen Höchstsätzen basierenden) Abschreibungen auf dem Anlagevermögen ergeben sich stille Reserven. In einem solchen Fall sind die kalkulatorischen, auf dem effektiven Wertverzehr basierenden Abschreibungen niedriger als die in der Erfolgsrechnung ausgewiesenen. Ferner sind in den Positionen Warenvorräte, Halb- und Fertigfabrikate sowie angefangene Arbeiten, aber auch in den Debitoren oft stille Reserven enthalten. Auch bei der Bewertung von Wertschriften und Beteiligungen werden im Sinne einer vorsichtigen Bilanzierung teilweise stille Reserven geschaffen.

Die Passiven können ebenfalls stille Reserven enthalten, wenn nicht vorhandene Verbindlichkeiten oder nicht zweckgebundene Rückstellungen ausgewiesen werden. Man spricht in diesem Fall von sog. fiktiven Passiven.

Nachdem bereits früher festgehalten wurde, daß für den Unternehmer nur betriebswirtschaftlich relevante Kennzahlen aussagekräftige Informationen als Führungshilfsmittel liefern, müssen die Zahlen der offiziellen Jahresrechnung bereinigt, d. h. hin zu den effektiven Tatbeständen korrigiert werden.

---

[9] vergl. Bienz P., Bilanzinterpretation, Zürich, 1975, Heft V/4 AKAD, Seite 4

431 Die Bereinigung der offiziellen Bilanz

Die Bereinigung der offiziellen Bilanz setzt voraus, daß die in einer Unternehmung effektiv vorhandenen stillen Reserven bekannt sind. Dies erfordert nebst der Finanzbuchhaltung verschiedene Zusatzaufschriebe, auf die in der Folge näher eingetreten wird.

Im Sinne der Kontinuität der Erhebung sei festgehalten, daß bei der Beurteilung der Bilanzsituation stets von der bereinigten Bilanz *nach Gewinnverwendung* ausgegangen werden soll.

In einem ersten Schritt wird die offizielle Jahresbilanz auf das entsprechende Formular (Kolonne «Buchwert») übertragen. Danach wird Bilanzposition um Bilanzposition bereinigt. Die Bewertungskorrekturen sind immer mit einem entsprechenden Vorzeichen (+/−) zu versehen. Am Schluß muß eine Quersummenkontrolle vorgenommen werden, um Rechnungsfehler zu korrigieren.

Im weitern ist es empfehlenswert, in der Kolonne «Kommentar» einen kurzen Vermerk zur Begründung der vorgenommenen Bewertungskorrektur und evtl. Hinweise auf zusätzliche Unterlagen anzubringen. Damit ist man jederzeit in der Lage, die vorgenommenen Bewertungskorrekturen zu rekonstruieren.

4311 Beispiel einer bereinigten Bilanz

Bereinigte Bilanz per 31. Dezember 19.1

Bezeichnung	Buchwert	Korrektur	Bereinigter Wert	Kommentar
	Fr.	Fr.	Fr.	
Umlaufvermögen				
Kassa	2 700		2 700	
Postcheck	37 000		37 000	
Bankguthaben	144 600		144 600	
Wertschriften	15 000	+ 16 800	31 800	*1)
Debitoren	799 000		799 000	
− Delkredere	− 45 000	+ 5 000	− 40 000	*2)
Materialvorräte	19 000	+ 100 300	119 300	*3)
Angefangene Arbeiten	279 200	+ 93 000	372 200	*4)
Transitorische Aktiven	4 400		4 400	
Total Umlaufvermögen	1 255 900	+ 215 100	1 471 000	

* siehe Erläuterungen Seite 35 ff.

Bereinigte Bilanz per 31. Dezember 19.1

Bezeichnung	Buchwert Fr.	Korrektur Fr.	Bereinigter Wert Fr.	Kommentar
Anlagevermögen				
Immobilien	718 300	+1 054 300	1 772 600	*5)
Maschinen	647 100	+ 778 400	1 425 500	
Werkzeuge	58 400	+ 82 100	140 500	*6)
Mobiliar	56 100	+ 55 000	111 100	
Fahrzeuge	112 400	+ 113 700	226 100	
Beteiligungen	400 000		400 000	
Total Anlagevermögen	1 992 300	+2 083 500	4 075 800	
Total Aktiven	3 248 200	+2 298 600	5 546 800	
Fremdkapital				
Kreditoren	452 800		452 800	
Bankschulden	478 700		478 700	
Dividenden	100 000		100 000	
Hypotheken	686 000		686 000	
Rückstellungen	50 000		50 000	
Transitorische Passiven	47 400		47 400	
Total Fremdkapital	1 814 900		1 814 900	
Eigenkapital				
Aktienkapital	1 000 000		1 000 000	
Gesetzliche Reserven	150 000		150 000	
Freie Reserven	250 000		250 000	
Gewinnvortrag	33 300		33 300	
Stille Reserven		+2 298 600	2 298 600	*7)
Total Eigenkapital	1 433 300	+2 298 600	3 731 900	
Total Passiven	3 248 200	+2 298 600	5 546 800	

* siehe Erläuterungen Seite 38 ff.

4312 Erläuterungen zur bereinigten Bilanz

4312.1 Aktiven

- *Geldkonti*
Bei den Geldkonti (Kassa, Post, Bank) kommen im allgemeinen keine Bewertungskorrekturen vor. Die buchmäßigen Bestände sind bei ordnungsgemäßer Buchführung identisch mit dem körperlichen Kassabestand (Kassensturz), während beim Postcheck eine Übereinstimmung mit der Saldomeldung des Postcheckamtes und bei den Bankkonti mit den Bankauszügen gegeben sein muß.
Eine Ausnahme kann allerdings dann eintreten, wenn in der Kasse oder auf Bankkonten fremde Valuten geführt werden. Solche Valutadifferenzen bei Fremdwährungskonten sind im Rahmen der Korrektur der Bilanz zu bereinigen. Schließlich ist bei den Geldkonti die zeitliche Abgrenzung zu beachten, wobei sie allerdings im Normalfall bereits in der offiziellen Bilanz berücksichtigt ist.

- *Wertschriften *1)*
Stille Reserven auf Wertschriften entstehen durch eine Wertsteigerung der entsprechenden Papiere. Die obligationenrechtlichen Höchstbewertungsvorschriften[10] schreiben vor, daß Papiere mit Kurswert (sog. kotierte Papiere) höchstens zu demjenigen Kurs bilanziert werden dürfen, den sie durchschnittlich im letzten Monat vor dem Bilanzstichtag gehabt haben. Papiere ohne Kurswert (sog. nicht kotierte Papiere) dürfen höchstens zum Kostenwert unter Berücksichtigung der laufenden Erträge (Zinsen, Dividenden) bilanziert werden. In unserem Beispiel ist die Bewertungsdifferenz in dieser Bilanzposition wie folgt entstanden:

$\emptyset$-Kurswert der Aktien im letzten Monat vor der Bilanzierung	Fr. 20 000
Buchwert dieser Aktien	Fr. 15 000
Anteil stille Reserven	Fr. 5 000
Im Portefeuille der Unternehmung sind zudem noch Aktien vorhanden, die vollständig abgeschrieben sind. Sie weisen aber noch einen eff. $\emptyset$-Kurswert auf von	Fr. 11 800
Total stille Reserven demnach	Fr. 16 800

- *Debitoren/Delkredere *2)*
In der Position «Debitoren» können grundsätzlich stille Reserven enthalten sein, und zwar dann, wenn die tatsächlichen Debitorenforderungen am Bilanzstichtag, erhoben aufgrund der Debitorenbuchhaltung oder einer detaillierten Debitorenliste, den buchmäßigen Ausweis übersteigen.

[10] OR 667

Meistens wird das Risiko eventueller Debitorenverluste in Form einer angemessenen *Delkredererückstellung* berücksichtigt. Die Wehrsteuer[11] anerkennt im allgemeinen eine Delkredererückstellung bis zu 5 Prozent der ausgewiesenen Guthaben ohne nähere Prüfung. Für ausländische Geschäftsguthaben werden sogar bis zu 10 Prozent zugelassen.

Im Sinne einer möglichst genauen Erfassung des Delkredererisikos ist eine detaillierte Bereinigung der Debitorenbestände bezüglich dubioser Debitoren notwendig. Eine Möglichkeit zur generellen Erfassung dieses Risikos ist die kontinuierliche Verfolgung der Debitorenverluste während mehrerer Geschäftsjahre. Man erhält so eine durchschnittliche Prozentzahl der eingetretenen Debitorenverluste im Verhältnis zum ⌀-Debitorenbestand. Sobald sich die Debitorenverluste des betrachteten Geschäftsjahres innerhalb der normalen Grenzen bewegen, kann mit dieser Prozentzahl gearbeitet werden.

In unserem Beispiel wurde wie folgt vorgegangen:

⌀ Debitorenbestand in den abgelaufenen 5 Geschäftsjahren	Fr. 800 000
⌀ Debitorenverluste im gleichen Zeitraum	5 %
Zweckgebundene Delkredererückstellung: 5 % von Fr. 800 000	Fr. 40 000
Buchmäßige Delkredererückstellung	Fr. 45 000
Nicht zweckgebundene Delkredererückstellung	Fr. 5 000

- *Materialvorräte *3)*

Maßgebender Ausgangswert für die Bewertung der Materialvorräte ist im obligationenrechtlichen Sinn[12] der Anschaffungs- oder Herstellwert bzw. der am Bilanzstichtag geltende niedrigere Marktwert (Tageswertprinzip).

Steuerlich können Warenlager bis zu einem Drittel (Wehrsteuer)[13] unter den obigen Werten bilanziert werden, ohne daß ein besonderer Nachweis der Begründetheit dieser Minderbewertung erbracht werden muß.

Zur Ermittlung des Wertes der Materialvorräte ist ein körperliches Inventar aufzunehmen, sofern nicht in der Buchhaltung die Bestandeskonti laufend nachgeführt und eine sog. rollende Inventur durchgeführt wird. OR 958 nennt das Inventar zwingend als gesetzlichen Bestandteil des Jahresabschlusses.

Ein bereinigtes Inventar der Materialvorräte soll auch dem Problem der technischen Überalterung einzelner Positionen oder dem Tatbestand der sog. Ladenhüter Rechnung tragen.

Um auch hier den betriebswirtschaftlich relevanten Wert für die Erarbeitung der entsprechenden Kennzahlen zu erhalten, muß eine Bereinigung dieser Bilanzposition erfolgen.

---

[11] Maßhardt H., Wehrsteuerkommentar, Zürich, 1980, Seite 286, Punkt 73
[12] OR 666
[13] Maßhardt H., a. a. O., Seite 280

- Bezogen auf unser Beispiel ergaben sich folgende Überlegungen:
  Einstandswert bzw. Tageswert der Materialvorräte laut
  körperlichem Inventar   Fr. 119 300
  Ausgewiesener Buchwert   Fr. 19 000

  Stille Reserven in den Materialvorräten   Fr. 100 300

  davon sind nach Wehrsteuer steuerlich privilegiert:
  ⅓ von Fr. 119 300 =   rund Fr. 40 000
  ergibt einen zu versteuernden Materialbestand von   Fr. 79 300

- *Angefangene Arbeiten *4)*
  Diese Bilanzposition darf nach Obligationenrecht[14] höchstens zu den Herstellkosten resp. zum niedrigeren Tageswert bilanziert werden. Der Begriff der Herstellkosten wird im Rahmen der differenzierten Zuschlagskalkulation verwendet. Die einzelnen Kostenkomponenten sind aus dem nachstehenden Schema ersichtlich:

Material-Einzelkosten	Material-kosten			
Zuschlag für Materialgemeinkosten in % der Material-Einzelkosten				
Fertigungs- oder Einzellöhne	Fertigungs-kosten	Herstellkosten		
Fertigungsgemeinkosten in % der Einzellöhne oder als Betrag pro Fertigungs- resp. Maschinenstunde				
Sondereinzelkosten der Fertigung (Patente, Modelle usw.)			Selbstkosten	Netto-Verkaufspreis
Verwaltungs- und Vertriebsgemeinkosten in % der Herstellkosten	Verwaltungs- und Vertriebs-kosten			
Sondereinzelkosten der Vertriebes				
Kalkulierter Gewinn				Brutto-Verkaufspreis
Erlösminderungen (Rabatte, Wust, Provisionen)				

Eine genaue Ermittlung der Herstellkosten bedingt daher eine Auftragsnachkalkulation. Unterbewertungen einzelner laufender Aufträge oder das Weglassen einzelner angefangener Arbeiten in der offiziellen Bilanz führen zu stillen Reserven.

---

[14] OR 666

Zahlenbeispiel zur vorliegenden Bilanz:

Auftragsgruppe	*Material*	*Löhne*
Nr. 100	40 000	85 000
Nr. 200	30 000	45 000
Nr. 300	45 000	25 000
Nr. 400	25 000	15 000
Total	140 000	170 000

Total Einzelkosten	310 000
Materialgemeinkosten 8 %	11 200
Fertigungsgemeinkosten 30 %	51 000
Herstellkosten	372 200
Bilanzwert	279 200
Stille Reserven in angefangenen Arbeiten	93 000

- *Transitorische Aktiven*
  Bei den transitorischen Aktiven wie auch bei den unter den Passiven aufgeführten transitorischen Passiven handelt es sich um sog. Wertberichtigungsposten.
  Sie dienen der zeitlichen Abgrenzung mit dem Ziel, das entsprechende Periodenergebnis richtig auszuweisen. Im Normalfall soll die offizielle Bilanz die zeitlichen Abgrenzungen in Form der transitorischen Aktiven und Passiven bereits erfassen, so daß eine Bereinigung dieser Positionen bei der Ermittlung der effektiven Ergebnisse nicht mehr nötig ist.
  Sollten jedoch bewußt bei dieser Bilanzposition stille Reserven gebildet worden sein, hätte eine Korrektur zu erfolgen.

  Beispiel:
  Die Vorausprämie der SUVA für das folgende Geschäftsjahr wurde am 27. 12. des laufenden Geschäftsjahres bezahlt und in der offiziellen Bilanz nicht abgegrenzt. Bei der Bereinigung der Bilanz des laufenden Geschäftsjahres wäre hier eine Abgrenzung vorzunehmen, da dieser Aufwand wirtschaftlich betrachtet erst die kommende Rechnungsperiode betrifft.

- *Immobilien *5)*
  Die Ermittlung der Bewertungsreserven auf Immobilien stellt oft Probleme, weil der Verkehrswert nur bei einer Veräußerung zuverlässig ermittelbar ist. Man behilft sich daher mit einer Verkehrswertschätzung oder man verwendet zur Ermittlung der stillen Reserven auf Immobilien den kalkulatorischen Restwert, den man dem Bilanzwert gegenüberstellt. Dazu ist allerdings eine Anlagekartei für die entsprechende Liegenschaft Voraussetzung.
  Die Wertbegriffe im Zusammenhang mit Immobilien werden zum Teil recht unterschiedlich definiert. Nachfolgend einige Beispiele:

Anlagewert	Erwerbspreis plus Handänderungsgebühren bzw. Hauswert + Landwert (Ausgangsbasis für Bilanzwert)
Assekuranzwert	Versicherungswert (gemäß OR 665 neben dem Bilanzwert anzuführen)
Reproduktionswert	Gegenwartspreise für den m³ umbauten Raum ./. Abschreibungen
Ertragswert	Ertrag, zu einem bestimmten %-Satz kapitalisiert
Verkehrswert	Marktwert
Bilanzwert	Anlagewert + Wertvermehrung ./. Wertverminderung (auch Buch- oder Inventarwert)
Rentabilität/Rendite	Verhältnis zwischen Ertrag und Kapitaleinsatz
Nettorendite	$\dfrac{\text{Nettoertrag} \cdot 100}{\text{Anlagewert} - \text{Hypotheken}}$
Bruttorendite	$\dfrac{(\text{Nettoertrag} + \text{Hypothekarzinsen}) \cdot 100}{\text{Anlagewert}}$
	Praktikermethode: Verhältnis zwischen Bruttoertrag (Mietzinseinnahmen) und Gesamtkapital

Eine Möglichkeit zur Ermittlung des Substanz- oder Realwertes einer Liegenschaft ist z. B. die Gewichtung von Substanz- und Ertragswert. In unserem Beispiel wurde nach dieser Methode vorgegangen:

Bodenwert: 2700 m² zu Fr. 120.–	Fr. 324 000
Gebäudewert: Baukosten zuzüglich bisher erbrachte Wertvermehrungen, abzüglich betriebswirtschaftlich notwendige Abschreibungen, bereinigt nach Baukostenindex	Fr. 1 776 000
Substanz- oder Realwert	Fr. 2 100 000

Ermittlung des Ertragswertes

Mietzinseinnahmen		Fr. 90 000
Kapitalisierungssatz	6%	
Berechnung des Ertragswertes:	$\dfrac{90\,000 \times 100}{6}$	= Fr. 1 500 000

Ermittlung des Verkehrswertes

Gewichtung: Realwert 1×, Ertragswert 2×
Berechnung des Verkehrswertes:

$$\frac{(2 \times 1\,500\,000) + 2\,100\,000}{3} = \text{Fr. } 1\,700\,000$$

Bereinigung des Bilanzwertes:

Verkehrswert Liegenschaft	Fr. 1 700 000
zusätzliche unbebaute Landreserve (eff. Bodenwert)	Fr. 72 600
Verkehrswert Immobilien	Fr. 1 772 600
Bilanzwert Immobilien	Fr. 718 300
Stille Reserven auf Immobilien	Fr. 1 054 300

- *Maschinen, Werkzeuge, Mobiliar, Fahrzeuge *6)*
Die stillen Reserven in diesen Positionen des Anlagevermögens werden mittels einer sog. Anlagenkartei überwacht.
In dieser Anlagenkartei wird pro Objekt (Maschine, Fahrzeug usw.) eine Karteikarte geführt, welche alle relevanten Angaben enthält. Ein Musterformular einer solchen Anlagenkarteikarte ist auf Seite 41 abgedruckt.
Bei den Abschreibungen bestehen Wertdifferenzen zwischen den bilanzmäßigen und den kalkulatorischen Abschreibungen. In der Finanzbuchhaltung werden die Abschreibungen in der Regel am Ende eines Rechnungsjahres global festgesetzt, wobei vielfach auf die steuerlich höchstzulässigen Abschreibungssätze basiert wird. Dagegen soll die bereinigte Bilanz die nach betriebsbuchhalterischen Gesichtspunkten nötigen Abschreibungen enthalten, die dem effektiven Wertverzehr der entsprechenden Anlagen entsprechen. Aus der Differenz zwischen bilanzmäßigen und den kalkulatorischen Abschreibungen resultieren die stillen Reserven der obigen Bilanzpositionen.

Beispiel:
- Anschaffungswert Fr. 100 000
- Nutzungsdauer 10 Jahre
- Bilanzmäßige Abschreibung p. a. 25%

	Bilanzmäßige % Fr.		Kalkulatorische % Fr.		Stille Reserven p. a.	kumuliert
1. Jahr						
Anschaffung		100 000		100 000		
Abschreibung	25	25 000	10	10 000	+15 000	
Buch-/Restwert		75 000		90 000		15 000
2. Jahr						
Abschreibung	25	18 750	10	10 000	+ 8 750	
Buch-/Restwert		56 250		80 000		23 750
usw.						

In unserem Bilanzbeispiel wurden die in der Korrekturspalte aufgeführten Bewertungsdifferenzen anhand der Aufzeichnungen in der Anlagekartei ermittelt.

Beispiel Anlagekarteikarte

- *Vorderseite*

HUBER AG, DRUCKEREI, BERN		*Erst. Datum* 31. Dezember 19.1	
Objekt:	Fadenheftmaschine Presto		
Lieferant:	Cerutti AG, Bern-Bethlehem		
Typen-Bez.	GX 25T	*Kostenstelle*	6000
Baujahr	1967	*Masch.Grpe*	10
Standort	UG 2	*Masch.Nr.*	700
Ansch.Dat.	29.7.67	*Inv.Nr.*	456
Anschaffungswert inkl.		*Nutz.Dauer* J	8
Installation	16 000	*Besch. Grad* %	97
Abschreibung		*Zins*	
Fibu	25% vom *Buchwert*	*Kalk. Zins* %	4
Kalk.	12,5% vom *Ansch.wert*	⌀*Betrag pro Jahr*	650
Techn. Daten		*Bemerkungen*	

— *Rückseite*

Jahr	Stunden-leistung		Kalkulat. Abschreibung				Bilanzmäßige Abschreibung			
	SOLL	IST	A'wert	Wert Diff.	Abschr.	Rest Wert	Buchw. alt	Wert Diff.	Abschr.	Buchw. neu

● *Beteiligungen*
Die betriebswirtschaftlich exakte Bewertung von Beteiligungen ist oft sehr arbeitsintensiv. Handelt es sich z. B. bei der ausgewiesenen Beteiligung um eine solche an einer andern Unternehmung, so wird man zur genauen Wertermittlung eine Unternehmungsbewertung der entsprechenden Firma durchführen müssen. Da dies im Rahmen normaler Verhältnisse aus wirtschaftlichen Gründen kaum möglich ist, beschränkt man sich in den meisten Fällen auf die Berechnung des Substanzwertes der entsprechenden Beteiligung.
Bei Mitwirkung an Konsortien wird die Buchhaltung des Konsortiums in den meisten Fällen die einzige Unterlage zur Bewertung der Beteiligung bilden.

4312.2 Passiven

● *Kreditoren*
Eine Bereinigung dieser Position wäre lediglich dann notwendig, wenn darin sog. fiktive Lieferantenschulden enthalten sind.

● *Bankschulden*
Hier gelten die gleichen Bemerkungen wie bei den Geldkonti auf der Aktivenseite (evtl. Korrektur von Valutadifferenzen bei Fremdwährungskonti).

● *Dividenden*
Nachdem hier eine Bilanz nach Gewinnverwendung vorliegt, figurieren die

von der Generalversammlung beschlossenen Dividenden als Fremdkapital. Eine Abgrenzung ist im Normalfall nicht vorzunehmen.

- *Hypotheken*
  Wie bei den Bankkonti sind hier u. U. höchstens zeitliche Abgrenzungen von evtl. Amortisationszahlungen zu berücksichtigen. Im Normalfalle sind diese zeitlichen Abgrenzungen jedoch bereits in der offiziellen Bilanz enthalten.

- *Rückstellungen*
  Sofern die ausgewiesenen Rückstellungen (z. B. für Garantiearbeiten usw.) begründet und zweckgebunden sind, müssen sie als Fremdkapital angesehen werden.
  Eigentliche Rücklagen (= Reserven) dagegen haben Eigenkapitalcharakter und wären im Rahmen der Bilanzbereinigung zu korrigieren.

- *Transitorische Passiven*
  Vergleiche Transitorische Aktiven

- *Eigenkapital*7)*
  Dem in der offiziellen Bilanz ausgewiesenen Eigenkapital ist nun das saldierte Total der Bewertungskorrekturen, d. h. die effektiven stillen Reserven, zuzuschlagen.
  Dabei muß man sich jedoch klar vor Augen halten, daß die durch Überbewertung von Aktiven und Unterbewertung von Passiven gebildeten stillen Reserven nicht in vollem Umfange disponibel sind[15]. Es handelt sich hier um buchmäßig ermittelte Werte. Im Falle einer Liquidation der vorliegenden Aktiengesellschaft müßten diese Werte zuerst realisiert werden. Bei einer anschließenden Rückführung der Liquidationsmasse an die Aktionäre unterliegen die realisierten stillen Reserven der Besteuerung. Dadurch könnte nur noch ein um die Steuern reduzierter Betrag den Aktionären zurückerstattet werden.

432 Die Bereinigung der offiziellen Erfolgsrechnung

Nach dem Wesen der doppelten Buchhaltung haben die im vorstehenden Abschnitt besprochenen Korrekturen der Bewertungen auch Auswirkungen auf die Erfolgsrechnung. Bei der Bildung von stillen Reserven werden die Aufwände der entsprechenden Rechnungsperiode zu hoch bzw. die Erträge zu tief ausgewiesen, während die Auflösung von stillen Reserven zu niedrige Aufwände resp. zu hohe Erträge in Erscheinung treten läßt.

Analog dem Vorgehen bei der Korrektur der Bilanz müssen daher auch die Positionen der offiziellen Erfolgsrechnung einer Bereinigung unterzogen werden.

Als Grundlage dient hier das auf den folgenden Seiten festgehaltene Zahlenbeispiel, welches von der vorstehenden Bilanz unabhängig ist. Wir verwenden zur Bereinigung der Erfolgsrechnung das gleiche Formular wie bei der Bilanz.

[15] vergl. Bienz, a. a. O., Seite 12

4321 Beispiel einer bereinigten Erfolgsrechnung

Bereinigte Erfolgsrechnung vom 1.1.–1.12.19.1

Bezeichnung	Buchwert Fr.	Korrektur Fr.	Bereinigter Wert Fr.	Kommentar
Betriebsertrag				
Bruttoverkaufserlös	4 200 000		4 200 000	
– Erlösminderungen	–110 000		–110 000	
Nettoverkaufserlös	4 090 000		4 090 000	
+ Zunahme der Fertigfabrikate	+125 000	+217 500	+342 500	*1)
– Abnahme d. Halbfabrik.	– 25 000	– 92 500	–117 500	*1)
+ Betriebseigene Anlagenaufträge		+ 15 000	+ 15 000	*2)
Total Betriebsertrag	4 190 000	+140 000	4 330 000	
Übertrag / Total				

* siehe Erläuterungen Seite 46 ff.

Bereinigte Erfolgsrechnung vom 1.1.–1.12.19.1

Bezeichnung	Buchwert Fr.	Korrektur Fr.	Bereinigter Wert Fr.	Kommentar
Materialaufwand				
Roh- und Hilfsmaterial	745 000	–25 000	720 000	
Handelswaren	175 000	–15 000	160 000	
Reparaturmaterial	240 000	– 3 000	237 000	
Leistungen Dritter	55 000		55 000	
Total	1 215 000	–43 000	1 172 000	
– Einkaufspreisminderungen	–9 000		–9 000	
Total Materialaufwand	1 206 000	–43 000	1 163 000	
Übertrag / Total				

Bereinigte Erfolgsrechnung vom 1.1.–1.12.19.1

Bezeichnung	Buchwert	Korrektur	Bereinigter Wert	Kommentar
	Fr.	Fr.	Fr.	
Betriebsaufwand				
Personalaufwand	1 870 000		1 870 000	
Mietzinsen	45 000		45 000	
Kapitalzinsen	30 000		30 000	
Unterhalt und Betrieb	260 000	– 14 000	246 000	*3)
Versicherung, Steuern Gebühren	41 000		41 000	
Betriebsmaterial	85 000		85 000	
Büro und Verwaltung	42 000		42 000	
Werbung	55 000		55 000	
Abschreibungen	380 000	– 30 000	350 000	*4)
Total Betriebsaufwand	2 808 000	– 44 000	2 764 000	
Übertrag / Total				

* siehe Erläuterungen Seite 47 ff.

Bereinigte Erfolgsrechnung vom 1.1.–31.12.19.1

Bezeichnung	Buchwert	Korrektur	Bereinigter Wert	Kommentar
	Fr.	Fr.	Fr.	
Neutralrechnung				
Wertschriftenerträge	1 000		1 000	
Liegenschaftserträge	45 000		45 000	
Übrige Erträge	2 000		2 000	
Total Neutralerträge	48 000		48 000	
Wertschriftenaufwand	1 000	+ 500	1 500	*5)
Liegenschaftsaufwand	55 000		55 000	
Sonstige Aufwände	12 800		12 800	
Total Neutralaufwände	68 800	+ 500	69 300	
Übertrag / Total				

* siehe Erläuterungen Seite 48

4322 Erläuterungen zur bereinigten Erfolgsrechnung

Im vorliegenden Beispiel ist eine Produktionserfolgsrechnung wiedergegeben. Diese Art der Erfolgsrechnung stellt den gesamten Betriebsertrag dem Betriebsaufwand gegenüber und berücksichtigt in der letzten Stufe die Neutralrechnung.

4322.1 Betriebsertrag

Der Betriebsertrag setzt sich aus dem Nettoumsatz, den Bestandesänderungen in den Halb- und Fertigfabrikaten und den internen Leistungen zusammen.

- *Nettoumsatz*
  Vom Bruttoumsatz lt. Finanzbuchhaltung werden die Erlösminderungen (Rabatte, Skonti, Rücksendungen, Versandspesen, WUST usw.) in Abzug gebracht.

- *Bestandesänderungen in den Halb- und Fertigfabrikaten *1)*
  Wie bei den Materialvorräten ergeben sich auch bei den Halb- und Fertigfabrikaten Bewertungsdifferenzen, die durch eine Unterbewertung dieser Positionen in der Bilanz hervorgerufen werden. Die Veränderung in den stillen Reserven dieser Position haben eine direkte Auswirkung auf den tatsächlichen Betriebserfolg.

Berechnung der Bewegung der stillen Reserven in unserem Zahlenbeispiel:

	Buchwert Fr.	Bewertungs- differenz Fr.	Herstell- kosten Fr.
Halbfabrikate			
Bestand am 1. 1.19.1	275 000	137 500	412 500
Bestand am 31.12.19.1	250 000	45 000	295 000
Veränderung	−25 000	−92 500	−117 500
Fertigfabrikate			
Bestand am 1. 1.19.1	620 000	155 000	775 000
Bestand am 31.12.19.1	745 000	372 500	1 117 500
Veränderung	+125 000	+217 500	+342 500

- Die Halbfabrikate weisen lt. Finanzbuchhaltung eine Bestandesabnahme von Fr. 25 000 aus. Zu den Herstellkosten bewertet, erhöht sich jedoch die Bestandesabnahme auf insgesamt Fr. 117 500. Dieser Umstand ist darauf zurückzuführen, daß der Anfangsbestand per 1.1.19.1 mit 66⅔% der Herstellkosten bilanziert wurde, während der Endbestand per 31.12.19.1 mit rund 85 % der Herstellkosten in der Schlußbilanz zu Buche steht. Es fand also eine Auflösung von stillen Reserven statt.

Die gleiche Feststellung gilt sinngemäß für die Bestandeszunahme in den Fertigfabrikaten.

- *Betriebseigene Anlagenaufträge *2)*
Die wertvermehrenden Arbeiten an den eigenen Betriebsanlagen werden oft aus gewinnpolitischen Gründen in der offiziellen Bilanz nicht aktiviert. Im Rahmen der Bereinigung der Erfolgsrechnung müssen jedoch diese Leistungen zur Ermittlung des betriebswirtschaftlich richtigen Betriebsertrages erfaßt werden.

Zu den Herstellkosten bewertet, ergaben sich in unserem Beispiel betriebseigene Anlagenaufträge von insgesamt Fr. 15 000. Die Ermittlung der Herstellkosten solcher Aufträge bedingt ebenfalls eine Nachkalkulation (Berechnung der Herstellkosten siehe «angefangene Arbeiten», Seite 37).

4322.2 Materialaufwand

Für die Ermittlung der Bewertungsdifferenzen bei diesen Positionen gelten die gleichen Grundsätze wie bei den Halb- und Fertigfabrikaten. Die Veränderung der stillen Reserven beruht auf den Bewertungsdifferenzen zwischen der Finanzbuchhaltung und den obligationenrechtlichen Höchstbewertungsvorschriften (Einstandspreis resp. niedriger Tageswert).

4322.3 Betriebsaufwand

Auch hier wird davon ausgegangen, daß die offizielle Erfolgsrechnung (wie auch die offizielle Bilanz) die zeitlichen Abgrenzungen der entsprechenden Rechnungsperiode richtig wiedergibt.

In unserem Zahlenbeispiel erfolgten im Rahmen des Betriebsaufwandes zwei Bewertungskorrekturen:

- *Unterhalt und Betrieb *3)*
In dieser Position sind aktivierungsfähige Anschaffungen im Betrage von Fr. 14 000 enthalten. In der offiziellen Jahresrechnung erfolgte diese Direktabschreibung aus gewinnpolitischen Gründen. Damit wurden zusätzliche stille Reserven geschaffen, die der Konsolidierung der Unternehmung dienen sollen. Im Sinne der Bereinigung der offiziellen Erfolgsrechnung sind diese stillen Reserven aufzurechnen, da die Nutzung dieser Anschaffung vornehmlich, wenn auch nicht ausschließlich, in kommenden Rechnungsperioden erfolgen wird.

Zur Ermittlung solcher Positionen wird die bereits zitierte Anlagekartei (vergl. Seite 41) unter Berücksichtigung der eingetretenen effektiven Wertverminderung beigezogen. Wo eine solche Anlagekartei fehlt, erfolgt die Aufrechnung aufgrund der entsprechenden Lieferantenfakturen.

- *Abschreibungen *4)*
Bei dieser Position ist die Veränderung in den stillen Reserven, welche sich aus der Differenz zwischen den bilanzmäßigen und kalkulatorischen Abschreibungen ergeben, zu erfassen.
Durch die differenzierte Abschreibungspraxis zwischen der Finanz- und der Betriebsbuchhaltung werden stille Reserven gebildet resp. aufgelöst. Die Kontrolle über den Stand und die Veränderung dieser stillen Reserven auf dem Anlagevermögen erfolgt mittels der Anlagekartei.
Im vorliegenden Fall wurde mit Hilfe des Kontos «Abschreibungen» aus der Finanzbuchhaltung und dem Total der kalkulatorischen Abschreibungen gemäß Anlagekartei folgende Bewertungskorrektur ermittelt:

- bilanzmäßige Abschreibungen auf dem
  Anlagevermögen für das Jahr 19. 1   Fr. 395 000
- kalkulatorische Abschreibungen lt. Anlagekartei
  für das Jahr 19. 1   Fr. 365 000
- Veränderung der stillen Reserven auf Anlagevermögen   + Fr. 30 000

4322.4 Neutralrechnung

Bei den Korrekturen in der Neutralrechnung handelt es sich meistens um das Nachholen von zeitlichen Abgrenzungen, die im Rahmen des offiziellen Abschlusses unterlassen wurden.

Im weitern erfolgen hier auch Korrekturen der Bewegung evtl. stiller Reserven in den Abschreibungen auf Liegenschaften.

In unserem Beispiel wurde beim Wertschriftenaufwand eine Abgrenzung des per 31.12.19.1 buchmäßig festgestellten Kursverlustes von Fr. 500 nachgeholt.

4322.5 Rekapitulation der Erfolgsrechnung

Nach Abschluß der Bereinigung der einzelnen Positionen der offiziellen Erfolgsrechnung werden die bereinigten, effektiven Aufwände und Erträge in Form einer mehrstufigen Erfolgsrechnung zusammengefaßt, die zur Erarbeitung der Kennzahlen als Basis dient. Dabei lassen sich als Vorarbeit zur späteren Analyse der Erfolgsrechnung die relativen Werte (%-Zahlen) bezogen auf den Nettobetriebsertrag bereits errechnen.

Bereinigte Erfolgsrechnung vom 1.1.–31.12.19.1

	Fr.	% (gerundet)
Bruttoverkaufserlös	4 200 000	97
Erlösminderungen	− 110 000	3
Nettoverkaufserlös	4 090 000	94
Zunahme der Fertigfabrikate	+ 342 500	8
Abnahme der Halbfabrikate	− 117 500	3
Betriebseigene Anlagenaufträge	+ 15 000	1
Betriebsertrag	4 330 000	100
Materialaufwand:		
Roh- und Hilfsmaterial	− 720 000	
Handelswaren	− 160 000	
Reparaturmaterial	− 237 000	27
Leistungen Dritter	− 55 000	
Einkaufspreisminderungen	+ 9 000	
Bruttogewinn	3 167 000	73
Betriebsaufwand:		
Personalaufwand	−1 870 000	
Mietzinsen	− 45 000	
Kapitalzinsen	− 30 000	
Unterhalt und Betrieb	− 246 000	
Versicherung, Steuern, Gebühren	− 41 000	64
Betriebsmaterial	− 85 000	
Büro und Verwaltung	− 42 000	
Werbung	− 55 000	
Abschreibungen	− 350 000	
Betriebsgewinn	403 000	9
Neutralrechnung:		
neutrale Erträge	+ 48 000	1
neutrale Aufwände	− 69 300	2
Unternehmungsgewinn	+ 381 700	8

5 Kennzahlen aus der Bilanz

Die Bilanz gibt stichtagbezogen, also statisch, über folgende Punkte Auskunft:
- Wie das in der Unternehmung eingesetzte Kapital
  investiert ist
  (Umlaufvermögen/Anlagevermögen/Aktivenseite)
- Wie das in der Unternehmung vorhandene Vermögen
  finanziert ist
  (Fremdkapital/Eigenkapital/Passivenseite)

Zur Beurteilung der Vermögens- und Kapitalstruktur einer Unternehmung dienen die aus der Bilanz gewonnenen Kennzahlen. Dabei muß man sich klar vor Augen halten, daß die aus einer Bilanz erhobenen Kennzahlen statischer Natur sind, d. h. sie spiegeln die Verhältnisse an einem bestimmten Stichtag (dem Bilanzstichtag) wider. Wenn aus solchen Kennzahlen Schlüsse für die Zukunft (Planungswerte) gezogen werden, müssen deshalb entsprechende Korrekturfaktoren berücksichtigt werden.

Im Folgenden sollen nun die wichtigsten Kennzahlen aus der Bilanz besprochen werden. Sämtliche Formeln und Synonyme der behandelten Kennzahlen sind im Kapitel 7 in tabellarischer Form zusammengefaßt.

51 Investierung

Die Kennzahlen der Investierung setzen sich mit der Struktur der Aktivenseite der Bilanz auseinander. Sie zeigen die Relation zwischen Umlauf- und Anlagevermögen auf.

511 Investierungsverhältnis

Das Investierungsverhältnis drückt die Anteile des Umlauf- und Anlagevermögens in % des Gesamtvermögens aus, d. h. es gibt Aufschluß über die Struktur der Vermögensseite.

Beispiel:

Umlaufvermögen	Fr. 895 000 =	37 %
Anlagevermögen	Fr. 1 500 000 =	63 %
Gesamtvermögen	Fr. 2 395 000 =	100 %

Bei der Analyse der Vermögensstruktur ist die Feststellung wichtig, daß bei vielen Unternehmungen der größte Teil der fixen Kosten durch das Anlagevermögen bedingt ist[16]. Allerdings sind branchenmäßige Unterschiede vorhanden. So ist bei den Produktionsbetrieben meistens ein relativ hohes Anlagevermögen vorherrschend, während bei Handelsunternehmungen eher das Umlaufvermögen (Warenvorräte) überwiegt.

Besonders beim Investierungsverhältnis gilt die bereits früher gemachte Feststellung, daß eine isolierte Kennzahl relativ wenig aussagt. Gerade diese Kennzahl wird erst dann mehr Aussagekraft besitzen, wenn mit ihrer Hilfe die Entwicklung über mehrere Jahre verfolgt werden kann.

Zusätzliche Informationen bietet das Investierungsverhältnis dann, wenn die Veränderungen in den einzelnen Vermögensteilen in ihre Komponenten zerlegt werden. Das klassische Instrument für solche Analysen ist die von der Bewegungsbilanz ausgehende Kapitalflußrechnung.

Auch die Berechnung von Indexzahlen für die einzelnen Vermögensteile gibt oft zusätzliche Führungsinformationen.

Beispiel:

Jahr	Umlauf- vermögen	Veränderung zum Vorjahr	Indexwerte 19.1 = 100	Vorjahr = 100
19.1	850 000	–	100	–
19.2	930 000	+ 80 000	109,4	109,4
19.3	950 000	+ 20 000	111,8	102,1
19.4	965 000	+ 15 000	113,5	101,6
19.5	970 000	+ 5 000	114,1	100,5

512 Verhältniswerte über die Vermögensstruktur

Die Analyse der Vermögensstruktur läßt sich auch mit Hilfe verschiedener Verhältniszahlen durchführen:

5121 Immobilisierungsgrad

Formel: $\dfrac{\text{Anlagevermögen} \times 100}{\text{Gesamtvermögen}} = \%$

Ein Immobilisierungsgrad von 66% sagt z. B. aus, daß ⅔ des Gesamtvermögens der Unternehmung im Anlagevermögen investiert sind.

---

[16] vergl. Bienz, a. a. O., Seite 17

5122 Anlageintensität

Formel: $\dfrac{\text{Anlagevermögen} \times 100}{\text{Umlaufvermögen}} = \%$

Ein hoher Grad der Anlageintensität kann seine Ursachen sowohl in übertriebenen Investitionen als auch in einer unzureichenden Kapazitätsausnutzung haben[17]. Er kann aber auch lediglich damit in Zusammenhang stehen, daß das Anlagevermögen relativ neu erworben ist und somit im Vergleich zu andern, gleich gelagerten Unternehmungen noch recht hoch zu Buche steht.

Weitere Verhältniszahlen können je nach Bedarf gebildet werden, wie z. B.

5123 Sachanlagen je Beschäftigter

Formel: $\dfrac{\text{Sachanlagen}}{\varnothing \text{Zahl der Beschäftigten}}$

Die $\varnothing$ Zahl der Beschäftigten läßt sich je nach vorhandenen Basisdaten entweder nach dem Personalbestand anfangs und Ende Jahr oder aus einem gleitenden Durchschnittswert errechnen[18]. Das arithmetische Mittel aus Anfangs- und Endbestand ist die wohl bekannteste Methode zur Ermittlung eines Durchschnittswertes.

Beispiel:
Personalbestand am 1. 1. 19. 1   60
Personalbestand am 31. 12. 19. 1   56
$\varnothing$ Personalbestand 19.1: $\dfrac{(60 + 56)}{2} = 58$

Bei der besonderen Verwendungsart des arithmetischen Mittels als gleitender Durchschnitt will man extreme Schwankungen (z. B. bei extremer Personalfluktuation) ausgleichen.

---

[17] Schott G., a. a. O., Seite 176
[18] vergl. Hunziker/Scheerer, a. a. O., Seite 80 ff.

Beispiel: Personalbestand
Januar 60
Februar 58
März 45
April 52
Mai 55
Juni 51
Juli 72
August 70
September 53
Oktober 56
November 57
Dezember 59

Gleitendes Zwölfmonatsmittel:

$$\frac{(60+58+45+52+55+51+72+70+53+56+57+59)}{12} = \frac{688}{12} = 57$$

5124 Gesamtes Anlagevermögen je Beschäftigten

Formel: $\dfrac{\text{Anlagevermögen}}{\varnothing \text{ Zahl der Beschäftigten}}$

Aus diesen Kennzahlen über die Vermögensseite der Bilanz können Aussagen über den Grad der Flexibilität und über die Anpassungsfähigkeit einer Unternehmung gewonnen werden. Dabei sind allerdings keine generell gültigen Vergleichswerte vorhanden, weil die Vermögensstruktur weitgehend von der Branche, vom Sortiment und von der Absatzstruktur einer Unternehmung geprägt ist.

In den letzten Jahren zeigt sich oft eine stärkere Verlagerung der effektiven Verhältnisse zugunsten des Anlagevermögens, was eine fortschreitende Immobilisierung des in der Unternehmung vorhandenen Vermögens, und damit auch des zur Finanzierung dieses Vermögens notwendigen Kapitals, zur Folge hat. Demgegenüber ist das Umlaufvermögen beweglicher und kann daher auch rascher den Beschäftigungsschwankungen einer Unternehmung angepaßt werden.

52 Finanzierung

Die Kennzahlen der Finanzierung setzen sich mit der Struktur der Passivseite der Bilanz auseinander. Sie zeigen die Relation zwischen dem Fremd- und dem Eigenkapital auf.

521 Finanzierungsverhältnis

Das Finanzierungsverhältnis drückt die Anteile des Fremdkapitals und des Eigenkapitals in % des Gesamtkapitals aus, d. h. es gibt Aufschluß über die Kapitalstruktur einer Unternehmung.

Beispiel:

	Fremdkapital	Fr. 1 460 000	= 61 %
	Eigenkapital	Fr. 935 000	= 39 %
	Gesamtkapital	Fr. 2 395 000	= 100 %

Die Zusammensetzung des Kapitals einer Unternehmung und damit die Finanzierung der Unternehmung im allgemeinen wird unter drei Gesichtspunkten beurteilt:

- Liquidität
- Sicherheit
- Rentabilität

Je höher der Eigenkapitalanteil einer Unternehmung ist, desto weniger können negative Markteinflüsse oder betriebliche Rückschläge die Existenz der Unternehmung gefährden[19]. Das finanzielle Risiko eines zu knappen Eigenkapitalanteils ist gerade in Zeiten wirtschaftlicher Unsicherheit groß.

Andererseits soll das eingesetzte Eigenkapital auch eine angemessene Rendite abwerfen. Der Grad der Fremdfinanzierung hat dabei einen entscheidenden Einfluß auf die Rendite des Eigenkapitals. Auf diesen Tatbestand wird bei der Behandlung der Kennzahlen über die Rentabilität noch näher einzutreten sein. Das Streben nach einer maximalen Eigenkapitalrentabilität hat allerdings seine Grenzen, die nebst dem bereits erwähnten Sicherheitsfaktor insbesondere bei den Liquiditätsüberlegungen liegen[20]. Während das Eigenkapital der Unternehmung theoretisch unbeschränkt lange zur Verfügung steht, ist das Fremdkapital an kurz- oder langfristige Rückzahlungsfristen gebunden. Deshalb bedeutet aus der Sicht der Liquidität eine hohe Fremdkapitalquote wegen der damit verbundenen Zins- und Rückzahlungspflichten in der Regel auch ein erhebliches Risiko. Im Abschnitt über die Liquiditätskennzahlen werden diese Zusammenhänge näher untersucht.

---

[19] Schott G., a. a. O., Seite 178
[20] vergl. Boemle M., Unternehmungsfinanzierung, Zürich, 1975, Seite 35

522 Verhältniswerte über die Kapitalstruktur

Auch im Rahmen der Finanzierung stehen verschiedene Verhältniszahlen zur Auswahl, die als Kennzahlen Entscheidungshilfen für die Unternehmungsleitung darstellen:

5221 Selbstfinanzierungsgrad

Formel: $\dfrac{(\text{Reserven} + \text{Gewinnvortrag}) \times 100}{\text{Grundkapital}} = \%$

Die Kennzahl des Selbstfinanzierungsgrades bezeichnet den Anteil der zurückbehaltenen Gewinne am Grundkapital. Die zurückbehaltenen Gewinne (offene und stille Reserven plus Gewinnvortrag) werden auch als Zuwachskapital bezeichnet. Besonders in Zeiten wirtschaftlicher Instabilität kommt einem hohen Selbstfinanzierungsgrad große Bedeutung zu, weil die Unternehmertätigkeit vermehrt risikobehaftet ist. Übersteigt in einer Unternehmung der Kapitalbedarf langfristig die Möglichkeiten der Selbstfinanzierung, entsteht eine Finanzierungslücke, die nur durch Fremdfinanzierung oder durch die Beschaffung von zusätzlichem Eigenkapital geschlossen werden kann.

5222 Anspannungskoeffizient

Formel: $\dfrac{\text{Fremdkapital} \times 100}{\text{Eigenkapital}} = \%$

5223 Grad der langfristigen Finanzierung

Formel: $\dfrac{\text{Langfristiges Kapital} \times 100}{\text{Gesamtkapital}}$

Der Begriff des langfristigen Kapitals umfaßt einerseits das theoretisch unbeschränkt zur Verfügung stehende Eigenkapital und das langfristige Fremdkapital (Hypotheken, langfristige Darlehen usw.).

523 Finanzierungsnormen

Absolute Finanzierungsnormen, die allgemeine Gültigkeit haben, gibt es nicht. Die branchen- und betriebsindividuellen Verhältnisse müssen bei der Beurteilung von Finanzierungsverhältnissen berücksichtigt werden. Immerhin gibt es einige Richtlinien für Normal- oder Optimalfinanzierungen. Das Verhältnis zwischen Eigenkapital und Fremdkapital soll nach der sog. «goldenen Bankregel» 1 : 1 betragen[21]. Andere Richtlinien sind z. B.[22]

Auf 100% Eigenkapital	*Fremdkapital*
Produktionsbetriebe	100–150%
Handelsbetriebe	150–250%

Abschließend sei nochmals darauf hingewiesen, daß die Kennzahlen der Finanzierung nicht isoliert betrachtet werden dürfen, sondern in einen weitern Zusammenhang zu stellen sind. Das optimale Verhältnis zwischen Eigenkapital und Fremdkapital kann nicht nur aus liquiditätspolitischen Überlegungen abgeleitet werden. Vielmehr werden auch die bereits eingangs zitierten Rentabilitäts- und Sicherheitsüberlegungen die Kapitalstruktur beeinflussen. Eine wirkliche Beurteilung der Zweckmäßigkeit der Finanzstruktur einer Unternehmung wird sowieso nie nur aufgrund vergangenheitsorientierter, statischer Kennzahlen möglich sein. Vielmehr werden dazu die Zahlen der kurz- und langfristigen Finanzplanung beigezogen werden müssen.

53 Deckungsgrad der Anlagen

Besonders wichtig im Rahmen einer Bilanzanalyse sind jene Kennzahlen, die die Verbindung zwischen Vermögen und Kapital herstellen. Eine dieser Kennzahlen ist der Anlagendeckungsgrad, welcher das Verhältnis zwischen dem Eigenkapital und dem langfristigen Fremdkapital zum Anlagevermögen ausdrückt. Hier soll ein Tatbestand untersucht werden, der besonders auf die Liquidität einer Unternehmung entscheidenden Einfluß hat, nämlich der Grundsatz der Fristenparallelität oder Fristenkongruenz[23]. Zwischen der Dauer der Bindung der Vermögenswerte einer Unternehmung, also der Dauer der einzelnen Kapitalbedürfnisse, und der Dauer, während welcher das Kapital zur Verfügung steht, muß bei einer gesunden Finanzierung Übereinstimmung herrschen.

531 Anlagendeckungsgrad

Der Anlagendeckungsgrad wird in zwei Stufen berechnet. In der ersten Stufe wird untersucht, wie weit das Anlagevermögen mit Eigenkapital finanziert ist. Die zweite Stufe untersucht die Anlagendeckung durch Eigen- und langfristiges Fremdkapital zusammen.

[21] vergl. auch Boemle M., a. a. O., Seite 37, und Bienz P., a. a. O., Seite 21
[22] Bienz P., a. a. O., Seite 26
[23] Boemle M., a. a. O., Seite 38

Formeln: Anlagedeckungsgrad I: $\dfrac{\text{Eigenkapital} \times 100}{\text{Anlagevermögen}} = \%$

Anlagedeckungsgrad II: $\dfrac{(\text{EK} + \text{langfr. FK}) \times 100}{\text{Anlagevermögen}} = \%$

Wenn die Anlagendeckung frankenmäßig ausgedrückt werden soll, geht man nach folgendem Berechnungsschema vor:

```
  Anlagevermögen
− Eigenkapital
──────────────────────────
= Anlagendeckung I
− langfristiges Fremdkapital
──────────────────────────
= Anlagendeckung II
```

Dem Grundsatz einer gesunden Finanzierung folgend, muß das Anlagevermögen durch Eigen- und langfristiges Fremdkapital gedeckt sein, wenn die Unternehmung nicht früher oder später in Liquiditätsschwierigkeiten geraten will.

Zahlenbeispiel:

Anlagevermögen	4 125 000	= 100%
− Eigenkapital	3 100 000	= 75%
Anlagendeckung I (Unterdeckung)	−1 025 000	= 25%
− Langfristiges Fremdkapital	1 225 000	= 30%
Anlagendeckung II (Überdeckung)	+ 200 000	= 5%

Die obige Aufstellung zeigt, daß 75 % des im Unternehmen investierten Anlagevermögens durch Eigenkapital gedeckt sind. Zur Finanzierung dieses Anlagevermögens wurde also auch noch Fremdkapital benötigt. Schließt man das langfristig zur Verfügung stehende Fremdkapital mit in die Analyse ein, so ergibt sich eine Anlagenüberdeckung von 5 % oder Fr. 200 000.−. Das Anlagevermögen ist also in diesem Fall gesund finanziert, weil durchwegs langfristig zur Verfügung stehendes Kapital für die Finanzierung verwendet wurde.

532 Nettoumlaufvermögen

Das Nettoumlaufvermögen wird in Form eines Bilanzschemas wie folgt dargestellt (getönte Felder = Nettoumlaufvermögen):

Umlaufvermögen	kurzfristiges Fremdkapital
Anlagevermögen	langfristiges Fremdkapital
	Eigenkapital

Daraus läßt sich die direkte Berechnung des Nettoumlaufvermögens wie folgt ableiten:

Formel:
$$\frac{\text{Umlaufvermögen} - \text{kurzfristiges Fremdkapital}}{= \text{Nettoumlaufvermögen}}$$

Anders ausgedrückt stellt die Anlagenüberdeckung durch Eigenkapital und langfristiges Fremdkapital das Nettoumlaufvermögen (auch NET WORKING CAPITAL) dar.

Zahlenbeispiel:

Aktiven		Passiven	
Umlaufvermögen	200	kurzfristiges FK	150
		langfristiges FK	250
Anlagevermögen	400	Eigenkapital	200
	600		600

Berechnung der Anlagendeckung:

Anlagevermögen	400
− Eigenkapital	200
Anlagenunterdeckung I	200
− langfristiges Fremdkapital	250
Anlagenüberdeckung II = Nettoumlaufvermögen	50

Kontrolle des Nettoumlaufvermögens:

Umlaufvermögen	200
− kurzfristiges Fremdkapital	150
Nettoumlaufvermögen	50

entspricht der Anlagenüberdeckung durch Eigenkapital und langfristiges Fremdkapital.

Besonders im Rahmen von Kreditverhandlungen wird die Kennzahl des Nettoumlaufvermögens als Indikator für die Beurteilung der finanziellen Stärke einer Unternehmung beigezogen.

Auch bei den Kennzahlen über die Anlagendeckung ist eine isolierte Betrachtungsweise wenig sinnvoll. Der Vergleich der entsprechenden Werte über mehrere Geschäftsjahre bringt wesentlich mehr Aufschlüsse. Dazu kann z. B. eine Übersicht folgender Art dienen:

Jahr	Anlagen-deckungsgrad I %	Langfristiges FK in % des AV %	Anlagen-deckungsgrad II %	Nettoum-laufvermögen %
19.1	105	11	116	+16
19.2	96	8	104	+ 4
19.3	85	13	98	− 2
19.4	94	15	109	+ 9

54 Liquidität

Die Erzielung einer angemessenen Rendite des eingesetzten Kapitals ist eines der Hauptziele unternehmerischer Tätigkeit. Diesem Gewinnstreben sind jedoch durch die Notwendigkeit der Erhaltung der Zahlungsbereitschaft Grenzen gesetzt. Rentabilität ist Nahrung, Liquidität ist Atmung für die Unternehmung[24].

Unter Liquidität versteht man die Bereitschaft einer Unternehmung, zu einem bestimmten Zeitpunkt mit den vorhandenen Zahlungsmitteln die fälligen Verbindlichkeiten abtragen zu können.

541 Bilanzmäßige und finanzplanmäßige Liquidität

Generell wird unterschieden:

- die *statische* oder *bilanzmäßige* Liquidität, welche sich mit Vergangenheitswerten befaßt. Sie beinhaltet in erster Linie die entsprechende Analyse der Bilanz mit Hilfe von Kennzahlen.
- die *dynamische* oder *finanzplanmäßige* Liquidität, welche im Rahmen der Unternehmungsplanung eine wichtige Rolle spielt. Sie ist in die Zukunft gerichtet und stellt die zu erwartenden Ausgaben den Barbeständen und den zu erwartenden Einnahmen gegenüber.

Die statischen Liquiditätskennzahlen haben wohl einen historischen Wert, doch liegen die für die Unternehmungsleitung wichtigen Liquiditätskennzahlen ganz eindeutig auf dem Gebiet der Finanzplanung. Es nützt dem Unternehmer relativ wenig, festzustellen, daß die Liquidität am 31. Dezember des vergangenen Jahres gut oder schlecht war. Viel wichtiger ist es für ihn zu wissen, wie sich aufgrund der Finanzplanung die Liquidität z. B. in den nächsten Monaten präsentieren wird. Durch die Planung und Analyse der Liquiditätslage soll untersucht werden, ob die Liquiditätssicherung, als eine der grundlegenden Existenzbedingungen der Unternehmung, gewährleistet ist. Die fortlaufende Überwachung der Liquidität ist eine der wichtigsten Aufgaben der Unternehmungsleitung.

[24] Boemle M., a. a. O., Seite 36

Pannen auf dem Liquiditätssektor treffen den Lebensnerv jeder Unternehmung! Ein einfach zu handhabendes Hilfsmittel für die Liquiditätsplanung stellt der kurzfristige rollende Finanzplan dar. Für den Klein- und Mittelbetrieb ist das quartalsweise Erarbeiten und Überarbeiten eines solchen Finanzplanes empfehlenswert. Wie bei jedem Budget ist es auch beim Finanzplan erforderlich, daß nach Ablauf der Planungsperiode den SOLL-Werten die IST-Zahlen gegenübergestellt werden. Die Abweichungen sind zu analysieren. Die Ergebnisse der Analyse geben Anhaltspunkte für die künftigen Planwerte.

Nachstehend ist ein einfaches Beispiel eines kurzfristigen Finanzplanes wiedergegeben.

Beispiel eines kurzfristigen Finanzplanes [25]

	19....	1. Quartal			Quartale		
		Januar	Februar	März	2.	3.	4.
Einzahlungen							

1. Umsatz
   a) Barverkäufe
   b) Forderungseingänge
2. Verkauf v. Anlagevermögen
3. Finanzeinzahlungen
   (Zinsen, Dividenden, Kredite,
   Kapitaleinlagen)
4. Sonstige Einzahlungen							

Total Einzahlungen							
Auszahlungen							
1. Löhne 2. Gehälter 3. Roh-, Hilfs- u. Betriebsstoffe 4. Anlagevermögen 5. Zinsen, Provisionen, Dividenden 6. Steuern, Versicherungen 7. Tilgungszahlungen 8. Sonstige Auszahlungen							
Total Auszahlungen							
Überdeckung/Unterdeckung							
Anfangsbestand Kasse Erforderlicher Endbestand							
Finanzbedarf/-überschuß							

---

[25] Lutz B., Die finanzielle Führung der Unternehmung, Bern, 1976, Seite 9

Eine gezielte Liquiditätsplanung ist allerdings nur dort möglich, wo die nötigen Grundlagen für die Planung vorhanden sind. Dieses Zahlenmaterial muß genau erhoben, errechnet und schließlich analysiert werden. Erst die gezielte Analyse der Abweichungen wird die Ursache von Liquiditätsengpässen offenbaren. Die Liquiditätsplanung zeigt also die zu erwartenden Engpässe rechtzeitig auf und soll Anstoß zu den entsprechenden Steuerungsmaßnahmen geben. Sie ist ein wesentliches Hilfsmittel der Unternehmungsführung in einem Bereich, wo Fehlentscheide oder mangelnde vorausschauende Maßnahmen das Überleben der Unternehmung unmittelbar gefährden.

Wie bereits eingangs erwähnt, bietet auch die Bilanz Grundlage für die Erarbeitung von sog. statischen Liquiditätskennzahlen. Allerdings muß in einem solchen Fall als Grundlage eine sog. Liquiditätstabellenbilanz erstellt werden, in welcher die Aktiven und Passiven nach ihrer Bindungsdauer resp. ihrer Fälligkeit aufgeteilt sind. Als Ausgangsbasis für die Liquiditätstabellenbilanz dient die bereinigte Bilanz, wie sie unter Punkt 431 beschrieben ist.

Im Folgenden ist ein einfaches Beispiel einer solchen Liquiditätstabellenbilanz wiedergegeben.

Liquiditätstabellenbilanz per 31. Dezember 19.1

Bindungsdauer Vermögen	bis 30 Tage	bis 90 Tage	über 90 Tage	Total
Geldkonti	120 000	–	–	120 000
Kundenguthaben	85 000	250 000	–	335 000
Vorräte		225 000	107 000	332 000
Angef. Arbeiten		40 000	47 000	87 000
Anlagevermögen			1 500 000	1 500 000
	205 000	515 000	1 654 000	2 374 000
Fälligkeit Kapital				
Kreditoren	90 000	60 000	–	150 000
Bankschulden		122 000	800 000	922 000
Hypotheken			250 000	250 000
Eigenkapital			1 052 000	1 052 000
	90 000	182 000	2 102 000	2 374 000

Ein wesentliches Hilfsmittel für die Planung und Überwachung der Liquidität sind insbesondere die unter dem Oberbegriff *Kapitalflußrechnung* bekannten Geldflußrechnungen.

Sie zeigen der Geschäftsleitung die Ursachen bezüglich der Veränderung des *Fonds* an und geben zudem detailliert Auskunft über die Geldzu- und Geldabflüsse während einer Rechnungsperiode.

Es würde den Rahmen der vorliegenden Publikation sprengen, auf die Technik und die Auswertung solcher Rechnungen im Detail einzutreten.

Die nachstehende Geldflußrechnung zeigt, wie aussagekräftig eine solche Darstellung für die Unternehmungsleitung bezüglich der Veränderung der Liquidität sein kann:

Geldflußrechnung 19.7 (in 1000 Franken)	Fr.	Fr.
Mittelherkunft		
– *Zahlungen von Kunden*		
Nettoerlös	4 600	
Zunahme Debitoren	– 210	4 390
– *Zahlungen für Waren*		
Warenaufwand	2 500	
Abnahme Vorräte	– 200	
Abnahme Kreditoren	+ 90	– 2 390
– *Zahlungen für Löhne*		
Löhne	1 200	
Zunahme Lohnschuld	– 20	– 1 180
– *Zahlungen für Gemein- und Vertriebsaufwand*		
Aufwand laut Erfolgsrechnung	800	
Zunahme Kreditoren	– 80	
Zunahme Delkredere	– 30	– 690
– *Geldzufluß aus Betriebstätigkeit vor Vornahme der Ersatzinvestition*		130
– *Ersatzinvestitionen*		
Mobilien	20	
Maschinen	60	– 80
– *Geldzufluß nach Vornahme der Ersatzinvestitionen*		50
– *Zufluß übriger Mittel*		
Verkauf Beteiligung		+ 100
Total Mittelherkunft		150
Mittelverwendung		
– *Investitionen*		
Mobilien	20	
Abschreibung	– 20	–
Maschinen	320	
Abschreibung	– 60	260
– *Total*		260
– *Veränderung flüssiger Mittel*		
Kassa/PC	– 10	
Bank	– 100	– 100
Kontrolltotal		150

Im weitern wird auf die entsprechende Literatur verwiesen.[26]

---
[26] z. B. Käfer, Kapitalflußrechnung, Zürich, 1967, oder Weilenmann, Cash Flow, SVB, Nr. 60, 1975

542 Kennzahlen zur Liquidität

Auf der Grundlage der Bilanz können drei eigentliche Liquiditätskennziffern unterschieden werden (statische oder bilanzmäßige Liquidität).

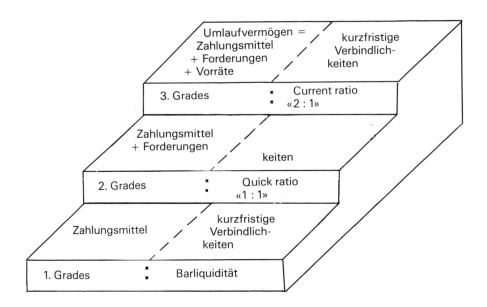

In diesem Zusammenhang gilt es zu betonen, daß sich statische Liquiditätskennziffern auf die Situation am Bilanzstichtag beziehen.

Bei der Beurteilung von Liquiditätskennzahlen kommt der Fristenparallelität eine entscheidende Bedeutung zu. Die Liquidität ist nur dann gewährleistet, wenn zwischen der Dauer der Bindung bestimmter Vermögenswerte und der Fälligkeit des in diesen Vermögenswerten investierten Kapitals Übereinstimmung besteht.

5421 Liquidität 1. Grades

Bei dieser Kennzahl, die auch unter dem Begriff «Grad der Zahlungsbereitschaft», «Barliquidität» oder «Kassenliquidität» bekannt ist, werden die sofort verfügbaren Zahlungsmittel ins Verhältnis zu den kurzfristig fälligen Verbindlichkeiten gesetzt.

Formel: $\dfrac{\text{Zahlungsmittel}}{\text{kurzfristige Verbindlichkeiten}}$

5422 Liquidität 2. Grades

Die auch unter den Synonymen «quick ratio» oder «acid test» bekannte Kennzahl setzt den Bestand an Zahlungsmitteln zuzüglich die Forderungen ins Verhältnis zu den kurzfristigen Verbindlichkeiten.

Formel: $\dfrac{(\text{Zahlungsmittel} + \text{Forderungen})}{\text{kurzfristige Verbindlichkeiten}}$

Für Handels- und Produktionsbetriebe gilt für die quick ratio eine Mindestnorm von 1:1.

5423 Liquidität 3. Grades

Sie ist auch unter dem Begriff «current ratio» bekannt.

Formel: $\dfrac{\text{Umlaufvermögen}}{\text{kurzfristige Verbindlichkeiten}}$

Die Mindestnorm der current ratio liegt bei einem Verhältnis von 2:1. Man nennt sie deshalb auch 2:1-Regel[27], weil sie bei der Kreditprüfung durch Banken angewandt wird. Der Kreditgeber möchte sich durch die current ratio überschlagsmäßig vergewissern, ob seine Kredite noch gedeckt sind.

In diesem Zusammenhang begegnen wir erneut dem Begriff des Nettoumlaufvermögens (siehe Seite 58).

Zahlenbeispiel:

Umlaufvermögen	Fr. 375 000 =	150%
kurzfristige Verbindlichkeiten	Fr. 250 000 =	100%
Nettoumlaufvermögen	Fr. 125 000 =	50%

Je mehr das Umlaufsvermögen die kurzfristigen Verbindlichkeiten übersteigt, um so besser wird eine Unternehmung auftauchende Liquiditätsengpässe meistern können[28].

Im obigen Zahlenbeispiel sind die kurzfristigen Verbindlichkeiten selbst dann gedeckt, wenn im Falle einer Zwangsliquidation das Umlaufvermögen nur zu 66 ⅔% realisiert würde.

---

[27] Boemle M., a. a. O., Seite 70
[28] Boemle M., a. a. O., Seite 71

55 Debitoren/Kreditoren

Im Rahmen der Betrachtung der Umschlagshäufigkeit von Vermögens- resp. Kapitalteilen kommt dem Debitoren- bzw. Kreditorenumschlag eine große Bedeutung zu.

Die Debitorenbestände bilden die Basis künftiger Zahlungseingänge einerseits, sie beinhalten aber andererseits auch das sog. Delkredererisiko, d. h. das Risiko eventueller Verluste. Erwiesenermaßen besteht zwischen der Entwicklung der Zahlungsfrist der Debitoren und der Höhe der Debitorenverluste generell eine gewisse Parallelität, indem der prozentuale Anteil der Verluste mit der Verlängerung der Zahlungsfrist der Debitoren steigt. Zudem geben die Kennzahlen bezüglich der durchschnittlichen Zahlungsfrist Aufschluß über die Wirksamkeit der Debitorenüberwachung (Mahnwesen, Inkasso). Auf der Kreditorenseite geben die entsprechenden Kennzahlen Hinweise, in welchem Umfang mit dem Lieferantenkredit finanziert wird. Oft wird der Lieferantenkredit, weil in den meisten Fällen zinsfrei, als billiger Kredit genannt, doch ist nicht zu vergessen, daß er, soweit er auf Kosten der Skontoabzüge beansprucht wird, relativ teuer ist.

Die Basisdaten für die Ermittlung der Kennzahlen aus Debitoren und Kreditoren werden aus der Debitoren- resp. Kreditorenbuchhaltung übernommen.

551 Kennzahlen aus dem Bereich Debitoren/Kreditoren

Die nachfolgend besprochenen Kennzahlen sind sowohl für die Debitoren wie die Kreditoren ermittelbar.

5511 Umschlaghäufigkeit

Formel: $\dfrac{\text{Umsatz}^*}{\varnothing \text{ Bestand}} = \text{mal}$

* fakturierter Kreditumsatz ohne Bargeschäfte

Diese Kennzahl gibt die Häufigkeit an, mit der in einer bestimmten Periode der ⌀ Debitoren- resp. Kreditorenbestand im entsprechenden Umsatz enthalten ist.

Bei der Ermittlung des ⌀ Bestandes wird das arithmetische Mittel aus Anfangs- oder Endbestand oder der gleitende Zwölfmonatsdurchschnitt gewählt (vergleiche Seite 54, Beispiel: Personalbestand).

Die Errechnung der Debitoren- resp. Kreditorenumsätze kann den entsprechenden Sammelkonti der Finanzbuchhaltung entnommen werden. Sofern in beiden Sparten der Barverkehr von Bedeutung ist, muß dieser vom Bruttoumsatz ausgeschieden werden, damit keine Verfälschung der Umschlaghäufigkeit eintritt.

5512 ⌀ Ziel

Man versteht darunter die durchschnittliche Zahlungsfrist der Debitoren resp. die durchschnittlich beanspruchte Kreditfrist bei den Kreditoren.

Formel: $\dfrac{360}{\text{Umschlagshäufigkeit}}$ = Anzahl Tage

Anhand dieser Kennzahl kann kontrolliert werden, ob die Zahlungskonditionen im Durchschnitt eingehalten wurden. Sie werden gegebenenfalls auch Anlaß zu einer kritischen Durchleuchtung des praktizierten Mahnwesens resp. der Einkaufspolitik führen.

Zahlenbeispiel:

Kreditverkaufsumsatz		Fr. 108 000
⌀ Debitorenbestand		Fr. 30 000
Zahlungskonditionen		30 Tage netto
Umschlagshäufigkeit:	$\dfrac{108\,000}{30\,000} =$	3,6 mal
⌀ Debitorenziel:	$\dfrac{360}{3,6} =$	100 Tage

Schlußfolgerung: Die Zahlungsmoral der Debitoren ist schlecht, da die ⌀ Zahlungsfrist 70 Tage länger dauert, als in den Zahlungskonditionen vorgesehen. Maßnahmen: Mahnwesen verschärfen, Vorauszahlungen verlangen usw.

5513 SOLL-Bestand

Ob der effektive durchschnittliche Debitorenbestand als angemessen betrachtet werden kann, ist mit der Errechnung einer Norm kontrollierbar. Diese Norm wird SOLL-Bestand genannt.

Formel: $\dfrac{\text{Umsatz} \times \text{Normzahlungsfrist}}{360}$ = Fr.

Aus dem obigen Zahlenbeispiel läßt sich somit folgender SOLL-Bestand errechnen:

$$\dfrac{108\,000 \times 30}{360} = \text{Fr. } 9000$$

5514 Norm-Abweichung

Das Setzen einer Norm ist nur sinnvoll, wenn anschließend die Abweichung zu den IST-Zahlen ermittelt und analysiert wird.

Anhand der vorstehenden Zahlen ergibt sich folgende Abweichung:

⌀ IST-Bestand	Fr. 30 000
SOLL-Bestand	Fr. 9 000
Abweichung ungünstig	Fr. 21 000

Hier zeigt sich, daß der effektive Durchschnittsbestand von Fr. 30 000 um Fr. 21 000 zu hoch liegt, weil eine Verlängerung der vertraglichen Zahlungsfrist um durchschnittlich 70 Tage vorliegt.

5515 %-Abweichung

Die Errechnung der %-Abweichung ist schon deshalb von Interesse, weil im Vergleich über mehrere Rechnungsperioden relative Zahlen bessere Beurteilungsmöglichkeiten bieten:

Formel: $\dfrac{\text{Abweichung} \times 100}{\varnothing \text{ IST-Bestand}}$ oder $\dfrac{\text{Abweichung} \times 100}{\varnothing \text{ SOLL-Bestand}}$

Welche Größe unter dem Strich gewählt wird, hängt von der Vergleichs- oder Ausgangsbasis ab.

Aus unserem Zahlenbeispiel:

– Ausgangsbasis: SOLL-Bestand $\quad \dfrac{21000 \times 100}{9000} = 233\frac{1}{3}\%$

– Ausgangsbasis: IST-Bestand $\quad \dfrac{21000 \times 100}{30000} = 70\%$

56 Beschaffung/Lagerung

Die gezielte Überwachung der Bestände an Waren und Material bietet im Handels- wie im Produktionsbetrieb große Probleme. Hohe Kapitalbindung im Lager, Umsatzausfälle durch fehlende oder nicht rechtzeitig zu beschaffende Rohmaterialien und Handelswaren, unwirtschaftliche Bestellmengen, Ladenhüter und technisch überalterte Materialbestände, häufige und kurzfristige Änderungen der Bedarfsmenge und Termine – das sind nur einige Probleme auf dem Gebiet der Beschaffung und Lagerhaltung, mit denen sich die Unternehmungsleitung auseinanderzusetzen hat.

In Kleinbetrieben wird man allerdings in vielen Fällen in der Lage sein, die Bestände und die Bestellmengen rein optisch ausreichend genug zu übersehen, um auf eine arbeitsaufwendige Lagerbewirtschaftung verzichten zu können. In Mittelbetrieben oder auch bei eindeutig materialintensiven Kleinbetrieben ist jedoch das Gebiet der Materialbewirtschaftung oft völlig dem Zufall überlassen.

Der Zweck der Lager besteht in erster Linie darin, mögliche Spannungen und Engpässe zwischen den Bereichen Beschaffung, Produktion und Absatz zu verhindern oder auszugleichen, um so wenig Kapital wie möglich in den entsprechenden Bilanzpositionen zu binden. Es gilt also jene optimale Lagerhaltung zu erreichen, die zwischen dem Service- oder Lieferbereitschaftsgrad und der dadurch bedingten Kapitalbindung im Lager sowie den laufenden Lagerkosten ein ausgewogenes Verhältnis bringt.

Die Basisdaten für die Erarbeitung von Kennzahlen auf diesem Gebiet werden nebst der Finanzbuchhaltung im besonderen der Materialbuchhaltung entnommen.

561 Kennzahlen zur Beschaffung/Lagerung

Die nachstehend besprochenen Kennzahlen geben wertvolle Maßstäbe für die Beurteilung der Wirtschaftlichkeit der Lagerhaltung, die nicht zuletzt direkte Auswirkungen auf die Bindungsdauer des im Unternehmen investierten Umlaufvermögens hat.

5611 Lagerumschlag

Formel: $\dfrac{\text{Lagerabgänge}}{\varnothing \text{ Lagerbestand}} = $ mal

Mit dieser Kennzahl werden die Lagerbewegungen während einer bestimmten Rechnungsperiode ermittelt. Sie zeigt an, wie oft sich der ⌀ Lagerbestand umgeschlagen hat. Der Lagerumschlag ist ein wichtiges Indiz für die Überwachung der Angemessenheit der im Unternehmen durchschnittlich vorhandenen Vorräte[29].

Je nach vorhandenen Basisdaten läßt sich dieser Lagerumschlag auch als 12-Monats-Durchschnitt mit folgender Formel berechnen:

$$\dfrac{\text{Lagerabgänge Jan.} + \text{Feb.} + \text{März} + \ldots \text{Dezember}}{\text{Lagerbestand Jan.} + \text{Feb.} + \text{März} + \ldots \text{Dezember}}$$

Im Sinne von Planungswerten kann auch der anzustrebende Lagerumschlag zur Bestimmung der oberen Bestandesgrenzen berechnet werden:

$\dfrac{\text{Jahresbedarfsmenge}}{\varnothing \text{Bestand} + \text{Sicherheitsbestand}} = $ mal

[29] vergl. Hunziker/Scheerer, a. a. O., Seite 263

Der Lagerumschlag hat generell einen wesentlichen Einfluß auf die Rentabilität einer Unternehmung. Als Teil des Vermögensumschlages ist er ein Faktor der Rentabilität (vergl. Seite 74).

5612 ⌀ Lagerbestand

Die Berechnung des ⌀ Lagerbestandes beruht auf den gleichen Grundsätzen, wie sie bereits in Punkt 5124 bei der Berechnung des ⌀ Personalbestandes angewandt wurden.

Eine Möglichkeit der Berechnung ist die Ermittlung des arithmetischen Mittels aus Anfangs- und Endbestand.

Formel: $\dfrac{\text{Anfangsbestand} + \text{Endbestand}}{2}$

Sobald die einzelnen Monatsbestände bekannt sind, was entweder eine permanente Inventur oder die fortlaufende Verbuchung der Bestandesänderungen erfordert, läßt sich der ⌀ Lagerbestand differenzierter berechnen[30].

Formel: $\dfrac{\frac{1}{2}\,\text{Anfangsbestand} + 11\,\text{Monatsbestände} + \frac{1}{2}\,\text{Endbestand}}{12}$

5613 ⌀ Lagerdauer

Formel: $\dfrac{360}{\text{Lagerumschlag}} = \text{Anzahl Tage}$

Diese Kennzahl gibt an, wieviele Tage es durchschnittlich dauert, bis sich der Lagerbestand einmal umschlägt.

5614 %-Abweichung

Der Feststellung der Abweichung zwischen SOLL- und IST-Lagerbestand oder -Lagerumschlag und der anschließenden Analyse dieser Abweichungen kommt entscheidende Bedeutung zu. Nur wer die Gründe einer Abweichung kennt, wird in der Lage sein, für künftige Perioden entsprechende Maßnahmen gezielt in die Tat umzusetzen.

Formel: $\dfrac{\text{Abweichung} \times 100}{\text{⌀-Ist-Bestand}}$

Auch hier wäre darauf hinzuweisen, daß unter dem Bruchstrich immer jene Größe eingesetzt ist, die als Ausgangsbasis für den Vergleich gewählt wurde.

---

[30] vergl. Hunziker/Scheerer, a. a. O., Seite 264/265

5615 Lieferbereitschaft

Die Vorgabe zur Bestimmung des SOLL-Lieferbereitschaftsgrades muß im Rahmen der Planung geschehen. Wie bereits eingangs erwähnt, besteht ein gewisser Zielkonflikt zwischen dem Lieferbereitschaftsgrad und der Höhe der Lagerkosten. Es gilt die für die Unternehmung optimale Größe zu bestimmen. Die Ermittlung einer Kennzahl wird hier wiederum Planungsgrundlagen für künftige Perioden ergeben.

Formel: $\dfrac{\text{Ab Lager erfüllte Bestellungen} \times 100}{\text{Eingegangene Bestellungen}}$

Die Ermittlung der Basisdaten für die Errechnung dieser Kennzahl kann aufgrund einfacher statistischer Aufschriebe der eingegangenen und ausgeführten Bestellungen erfolgen.

6 Kennzahlen aus dem betrieblichen Leistungsprozeß

Es wurde bereits an früherer Stelle festgehalten, daß eine der Voraussetzungen für das wirkungsvolle Arbeiten mit Kennzahlen das Erkennen der Zusammenhänge ist. Die Kennzahlen aus dem betrieblichen Leistungsprozeß liefern uns in Ergänzung zu den Kennzahlen aus dem Finanzbereich jene Interdependenzen, die eine umfassende Beurteilung des betrieblichen Geschehens erlauben.

So geben z. B. die Zusammenhänge zwischen Rentabilität, Wirtschaftlichkeit, Produktivität und Liquidität eine umfassende Antwort auf die Frage, ob sich das betriebliche Geschehen in einem ausgewogenen Rahmen bewegt[31].

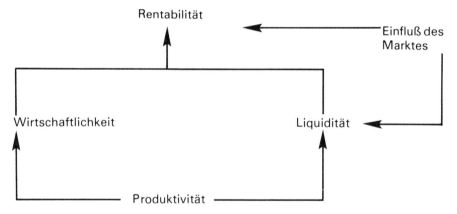

Der Wirkungsgrad der unternehmerischen Tätigkeit wird generell durch die Rentabilität, die Wirtschaftlichkeit und die Produktivität ausgedrückt. Diese drei Begriffe hängen durch vielfache Querverbindungen zusammen, aber sie bedingen sich nicht unbedingt gegenseitig. Es kann z. B. ohne weiteres im Rahmen einer unternehmerischen Tätigkeit ein Gewinn erzielt werden, ohne daß dabei eine wirtschaftliche Fertigung realisiert wurde. Hier spielen vor allem auch externe Einflüsse eine wichtige Rolle, wie z. B. das Gesetz von Angebot und Nachfrage.

Auf die Probleme der Wirtschaftlichkeit und der Produktivität wird in den folgenden Kapiteln noch näher eingetreten.

Wir wollen nun die Kennzahlen des betrieblichen Leistungsprozesses näher erläutern und die wichtigsten Zusammenhänge und Einflußfaktoren aufzeigen.

[31] Management Enzyklopädie, München, 1975, Band 8, Seite 2732

61 Rentabilität

Unter Rentabilität versteht man das Verhältnis zwischen dem in einer Unternehmung erzielten Erfolg (Gewinn oder Verlust) und dem hiefür eingesetzten Kapital. Die Kennzahl der Rentabilität drückt somit den Grad der Nutzung des eingesetzten Vermögens aus.

Grundsätzlich wird die Rentabilität wie folgt errechnet:

Formel: $\dfrac{\text{Erfolg} \times 100}{\text{Kapital}}$

Diese einfache Rentabilitätsformel ist aber wenig aussagekräftig, weil sie die entscheidende Größe bei der Rentabilitätsberechnung, nämlich den Umsatz, nur in saldierter Form im Erfolg berücksichtigt. Die einfache Rentabilitätsformel zeigt also lediglich die Rendite des Kapitals, nicht aber die Ursachen dieser Rendite an. Der Erfolg einer Unternehmung entsteht jedoch nicht durch das Kapital, sondern durch den Umsatz, d. h. durch die Bewegung des Kapitals[32]:

Arbeitendes Kapital bringt Umsatz
↓
Erfolgreicher Umsatz bringt Gewinn

Wir können also festhalten, daß sich die Rentabilität einer Unternehmung aus zwei verschiedenen Verursachungsfaktoren zusammensetzt[33]:

1. Aus der Intensität der Nutzung des investierten Kapitals (resp. Vermögens). Es geht um die Beantwortung der Frage, wie oft sich das investierte Kapital im Umsatz umgesetzt hat. Man spricht dabei vom sog. *Kapitalumschlag*.
2. Vom Erfolg (Gewinn oder Verlust), der im Verhältnis zum erzielten Umsatz erarbeitet wurde. Hier spricht man vom sog. *Erfolgskoeffizienten* (auch *Umsatzrentabilität* oder *Umsatzerfolg* genannt). Je nach zu berechnender Rentabilität wird der Erfolgskoeffizient verschiedene Komponenten enthalten. Auf dieses Problem wird später noch eingetreten.

Daraus ergibt sich nun die erweiterte Rentabilitätsformel:

Formel: $R = \dfrac{100 \times \text{Erfolg}}{\text{Umsatz}} \times \dfrac{\text{Umsatz}}{\text{Kapital}}$

Erfolgskoeffizient × Kapitalumschlag

---

[32] Schott G., a. a. O., Seite 25
[33] Hunziker/Scheerer, a. a. O., Seite 224

611 Die verschiedenen Rentabilitätsarten

Bei der Berechnung der Rentabilität ist es besonders wichtig zu wissen, welche Basisdaten den einzelnen Berechnungsarten zugrunde gelegt werden müssen.
Wir befassen uns im folgenden mit den drei häufigsten Rentabilitätsarten:

- der Rentabilität des Eigenkapitals
- der Rentabilität des betrieblichen Gesamtkapitals
- der Rentabilität des Unternehmungskapitals

612 Berechnung der Basisdaten

Liegen als Ausgangsbasis eine bereinigte Bilanz und eine bereinigte Erfolgsrechnung vor, können die entsprechenden Zahlen aus diesen Unterlagen übernommen werden.

Da jedoch gerade bei Rentabilitätsberechnungen oft von der offiziellen Bilanz ausgegangen wird, sei im folgenden die direkte Berechnungsart der entsprechenden Basisdaten erläutert.

6121 Berechnung des maßgeblichen Kapitals

Die Berechnung des maßgeblichen Kapitals erfolgt aufgrund der Durchschnittswerte der Eingangs- und Schlußbilanz einer Rechnungsperiode.

Berechnungsformel:

	1. Januar	31. Dezember
Bilanzsumme	250 000	275 000
− betriebsfremdes Vermögen	50 000	45 000
+ stille Reserven	9 000	11 000
= betriebstätiges Vermögen	209 000	241 000

∅ betriebstätiges Vermögen resp. betriebstätiges Kapital:

$$\frac{\text{(betriebstätiges Vermögen 1.1.} + 31.12.)}{2} = 225\,000$$

abzüglich ∅ Fremdkapital lt. offizieller Bilanz   175 000
entspricht dem ∅ Eigenkapital   50 000

Bei der Berechnung des maßgeblichen Unternehmungskapitals werden die betriebsfremden (also die sog. neutralen) Vermögensteile in die Berechnung einbezogen.

Erläuterung anhand eines Zahlenbeispiels:

Es stehen folgende Basisdaten zur Verfügung:

- Bilanzsumme 1 380
- Fremdkapital 800
- stille Reserven 160
- betriebsfremdes Vermögen (Vermögensteile, die nicht für die betriebliche Leistungserstellung benötigt werden, wie z. B. neutrale Beteiligungen) 40

Berechnung der für die verschiedenen Rentabilitätsarten notwendigen Basisdaten:

	Bilanzsumme	1 380
−	betriebsfremdes Vermögen	40
+	stille Reserven	160
=	*Betriebliches Gesamtkapital*	1 500
−	Fremdkapital	800
=	*Eigenkapital*	700

	Bilanzsumme	1 380
+	stille Reserven	160
=	*Unternehmungskapital*	1 540

6122 Berechnung des maßgeblichen Erfolges

Die Berechnung des maßgeblichen Erfolges bedingt die Berücksichtigung der Veränderungen in den stillen Reserven während der betrachteten Rechnungsperiode.

Berechnungsformel:

    Bilanzmäßiger Unternehmungserfolg
+ Neutraler Verlust
− Neutraler Gewinn

= Bilanzmäßiger Betriebserfolg
+ Zunahme in den stillen Reserven
− Abnahme in den stillen Reserven

= *Tatsächlicher Betriebserfolg*
+ verbuchter Zins auf dem Eigenkapital

= *Erfolg zugunsten des Eigenkapitals*
+ verbuchter Zins auf dem Fremdkapital

= *Erfolg zugunsten des betrieblichen Gesamtkapitals*

Auch diese Berechnungsart sei anhand eines Zahlenbeispiels näher erläutert:

Es stehen folgende Basisdaten zur Verfügung:

- Umsatz lt. offizieller Erfolgsrechnung 2 800
- neutraler Aufwand 4
- neutraler Ertrag 8
- Betriebsaufwand 2 654
- Abnahme der stillen Reserven 18
- verbuchte Fremdkapitalzinsen 32
- verbuchte Eigenkapitalzinsen 24

Berechnung der für die verschiedenen Rentabilitätsarten notwendigen Basisdaten:

	Umsatz lt. offizieller Erfolgsrechnung	2 800
−	Betriebsaufwand	2 654
+	neutraler Aufwand	4
−	neutraler Ertrag	8
=	bilanzmäßiger Betriebserfolg	142
−	Abnahme der stillen Reserven	18
=	*Tatsächlicher Betriebserfolg*	124
+	verbuchte Zinsen auf Eigenkapital	24
=	*Erfolg zugunsten des Eigenkapitals*	148
+	verbuchte Zinsen auf Fremdkapital	32
=	*Erfolg zugunsten des betrieblichen Gesamtkapitals*	180

613 Differentialrentabilität

Wie der vorstehenden Berechnung des maßgeblichen Erfolges entnommen werden kann, spielt das Zinsproblem bei der Berechnung der Rentabilität eine wesentliche Rolle[34]. Vor allem für den zwischenbetrieblichen Rentabilitätsvergleich muß eine Basis gesucht werden, die den verschiedenen Zinsverrechnungen in den entsprechenden Betrieben, aber auch der unterschiedlichen Kapitalstruktur Rechnung trägt.

Sobald im Aufwand die Zinsen eingeschlossen sind, ergeben die Rentabilitätsberechnungen die sog. Differential- oder Nettorentabilität. Sie zeigt an, wieviel Prozent die Rentabilität des Kapitals über oder unter den verbuchten Zinssätzen steht.

Die Differentialrentabilität kann nach zwei Methoden berechnet werden:

---

[34] Hunziker/Scheerer, a. a. O., Seite 229

6131 direkte Methode

Formel: $\dfrac{\text{tatsächlicher Erfolg} \times 100}{\text{Kapital}}$

Unter dem Bruchstrich ist das entsprechende Kapital, also Eigenkapital, betriebliches Gesamtkapital oder Unternehmungskapital, einzusetzen.

Beispiel aufgrund der vorstehenden Zahlen:

Differentialrentabilität des Eigenkapitals: $\dfrac{124 \times 100}{700} = 17{,}7\%$

6132 indirekte Methode

Bei der indirekten Ermittlung der Differentialrentabilität wird von der im folgenden Kapitel näher besprochenen Vollrentabilität ausgegangen, wobei davon der ⌀ Zinssatz des Kapitals in Abzug gebracht wird.

Formel:
$\begin{aligned} & \text{Vollrentabilität} \\ - & \text{⌀ Zinssatz des Kapitals} \\ = & \text{Differentialrentabilität} \end{aligned}$

Der durchschnittliche Zinssatz des Kapitals wird dabei wie folgt berechnet:

Formel: $\dfrac{\text{Zins} \times 100}{\text{Kapital}}$

Berechnung aufgrund unseres Zahlenbeispiels:

– Vollrentabilität (siehe Punkt 614) zugunsten Eigenkapital 21,1%
– ⌀ Zinssatz des Eigenkapitals: $\dfrac{24 \times 100}{700}$ 3,4%
– Differentialrentabilität wie oben <u>17,7%</u>

614 Vollrentabilität

Für die Berechnung der Vollrentabilität (auch Bruttorentabilität genannt), muß der Erfolg vor Abzug der Zinsen ermittelt werden.

Formel: $\dfrac{(\text{tatsächlicher Erfolg} + \text{Zins}) \times 100}{\text{Kapital}}$

Aufgrund unseres Zahlenbeispiels ergibt sich folgendes Resultat:

Vollrentabilität zugunsten des Eigenkapitals: $\dfrac{(124+24) \times 100}{700} = 21,1\%$

Die durch den Umsatz erweiterte Formel zeigt das gleiche Resultat:

Formel:

$$\left(\underbrace{\dfrac{\text{tats. Erfolg} \times 100}{\text{Umsatz}}}_{\text{(Erfolgskoeffizient}} + \underbrace{\dfrac{\text{Zins} \times 100}{\text{Umsatz}}}_{\text{Zinskoeffizient)}} \right) \times \underbrace{\dfrac{\text{Umsatz}}{\text{Kapital}}}_{\text{Kapitalumschlag}}$$

Zahlenbeispiel:

Vollrentabilität zugunsten Eigenkapital

$$\left(\underbrace{\dfrac{124 \times 100}{2800}}_{(4,43\%} + \underbrace{\dfrac{24 \times 100}{2800}}_{0,86\%)} \right) \times \dfrac{2800}{700} =$$

$$(4,43\% + 0,86\%) \times 4 = 21,1\%$$

615 Berechnung der verschiedenen Rentabilitätsarten

Wie bereits in Punkt 611 erwähnt, sind es vor allem drei Rentabilitätsarten, die im Rahmen der betriebswirtschaftlichen Kennzahlen am häufigsten berechnet und analysiert werden:

- Rentabilität des Eigenkapitals
- Rentabilität des betrieblichen Gesamtkapitals
- Rentabilität des Unternehmungskapitals

Die Berechnungsformeln sind für alle drei Arten gleich. Sie sind in den Punkten 613 und 614 wiedergegeben. Wichtig ist bei diesen Berechnungen, daß immer die richtigen Ausgangsdaten gewählt werden. Die Zusammenstellung auf Seite 81 zeigt die Basisdaten für die einzelnen Rentabilitätsberechnungen in tabellarischer Form.

616 Die Analyse der Rentabilitätsveränderungen

Der Wert der Ermittlung der Rentabilitätskennzahlen liegt in der Gegenüberstellung mit Vorjahres- oder Planwerten (im Rahmen des zwischenbetrieblichen Vergleiches mit Zahlen anderer Betriebe) und in der gezielten Analyse der eingetretenen Veränderungen oder Abweichungen.

Die Gesamtveränderung der Rentabilität zwischen zwei Rechnungsperioden wird dabei auf den Einfluß des Erfolgskoeffizienten und den Einfluß des Kapitalumschlages untersucht.

Vorgehen (die Zahlen 19.1 entsprechen unserem Beispiel, 19.2 Annahme):

Berechnung der Veränderungen

Jahr	19.1	19.2	+/−
Kapitalumschlag	4	4,3	+0,3
Erfolgskoeffizient	5,29	4,85	−0,44
Rentabilität	21,1	20,8	−0,3

Analyse der Veränderung

Einfluß des Erfolgskoeffizienten:
Veränderung Erfolgskoeffizient × Kapitalumschlag Vorjahr
−0,44 × 4 = −1,76%

Einfluß des Kapitalumschlages:
Veränderung Kapitalumschlag × Erfolgskoeffizient des Berichtjahres
+0,3 × 4,85 = +1,46%

Gesamtveränderung der Rentabilität wie oben   −0,30%

Die vorstehende Analyse zeigt, daß der im Jahre 19.2 verbesserte Kapitalumschlag durch die Verschlechterung des Erfolgskoeffizienten überkompensiert wurde. Der Einfluß des Erfolgskoeffizienten ist um so größer, je höher der Anteil der fixen Kosten an den Gesamtkosten ist. Die Ursachen einer Veränderung des Erfolgskoeffizienten können in Preisveränderungen, Änderungen in der Kostenstruktur oder in der Struktur des Sortimentes liegen.

Für eine detailliertere Analyse des Kapitalumschlages müssen nun die Erkenntnisse aus den Kennzahlen über die Bilanzstruktur beigezogen werden.

Die Veränderung der Lagerbestände, Umsatzschwankungen, die Zahlungsfristen der Debitoren und auch die Ausnutzung der Anlagen beeinflussen den Kapitalumschlag.

Basisdaten für die einzelnen Rentabilitätsberechnungen[35]

	Rentabilitätsart	Maßgebliches Kapital	Maßgeblicher Erfolg
Voll-rentabilität	des EK	betriebstätiges EK resp. Umsatz je nach Berechnungsformel	tatsächlicher Erfolg + EK Zins
	des betrieblichen GK	betriebliches GK resp. Umsatz je nach Formel	tatsächlicher Erfolg + FK/EK Zins
	des UK	Unternehmungs-kapital resp. betrieblicher und neutraler Umsatz je nach Formel	tatsächlicher Erfolg ± neutraler Erfolg + FK/EK Zins
Differential-rentabilität	des EK — direkte Methode — indirekte Methode ∅ EK-Zins	betriebstätiges EK betriebstätiges EK	tatsächlicher Erfolg EK-Zins
	des GK — direkte Methode — indirekte Methode ∅ EK und FK/Zins	betriebstätiges GK betriebstätiges GK	tatsächlicher Erfolg FK- und EK-Zins

---

[35] Bürgi A., Repetitorium I Hauptprüfung Buchhalterdiplom, Bern, 1976, Seite 27

617 Einfluß der Kapitalstruktur auf die Rentabilität

Bereits im Kapitel 52 wurde darauf hingewiesen, daß der Grad der Fremdfinanzierung einen entscheidenden Einfluß auf die Rentabilität des Eigenkapitals hat[36].

Solange die Rentabilität des Gesamtkapitals mit dem durchschnittlichen Zinsfuß für das Fremdkapital identisch ist, hat das Finanzierungsverhältnis keinen Einfluß auf die Eigenkapitalrentabilität. Dies ändert sich jedoch, wenn die Rendite des Gesamtkapitals höher ist als der ⌀ Fremdkapitalzinsfuß. In diesem Fall ergibt sich für das Eigenkapital ein Zusatzgewinn. Je mehr Fremdkapital in einem solchen Fall vorhanden ist, um so höher wird die Rentabilität des in der Unternehmung investierten Eigenkapitals.

Sinkt jedoch die Gesamtkapitalrentabilität unter den durchschnittlichen Zinsfuß des Fremdkapitals, sinkt auch die Eigenkapitalrentabilität. Bei einer negativen Gesamtkapitalrentabilität sinkt die Eigenkapitalrentabilität sogar sprunghaft.

Der oben beschriebene Einfluß des Finanzierungsverhältnisses[37] auf die Rentabilität sei anhand des nachstehenden Beispiels kurz illustriert:

Der nachstehenden Tabelle[38] wurde ein Gesamtkapital von Fr. 1300 und ein durchschnittlicher Fremdkapitalzins von 4 % zugrunde gelegt.

GKR	FK in % GK				
%	10	20	50	75	90
12	12,9	14	20	36	84
10	10,6	11,5	16	28	64
8	8,4	9	12	20	44
6	6,2	6,5	8*)	12	24
4	4	4	4	4	4
2	1,8	1,5	0	−4	−16

GKR = Gesamtkapitalrentabilität, FK = Fremdkapital, GK = Gesamtkapital

Die in der Tabelle eingetragenen %-Werte wurden beispielsweise wie folgt errechnet:

- Gesamtkapital 1300
- Fremdkapital 50 % = 650
- Zins auf Fremdkapital 4 %
- Gesamtkapitalrentabilität 6 %
- Berechnung der Eigenkapitalrentabilität bei den obigen Finanzierungsverhältnissen:

[36] vergl. Hunziker/Scheerer, a. a. O., Seite 236 ff.
[37] auch als LEVERAGE EFFEKT bekannt, vergl. Boemle M., a. a. O., Seite 32 ff.
[38] Hunziker/Scheerer, a. a. O., Ausgangsbasis Aufgabe 38, Seite 437

Formel: $$\frac{(\text{Rendite Gesamtkapital} \times \text{Gesamtkapital}) - (\text{Rendite FK} \times \text{FK})}{\text{Eigenkapital}}$$

$$\frac{(6 \times 1300) - (4 \times 650)}{650} = 8\%$$

In diesem Zahlenbeispiel bestätigen sich die eingangs gemachten Feststellungen:

– bei einer Gesamtkapitalrentabilität von 12 % und einem Fremdkapitalanteil von 90 % ergibt sich bei einem ⌀ Zinsfuß des Fremdkapitals von 4 % eine Rentabilität des Eigenkapitals von 84 %.

– dort wo die Gesamtkapitalrentabilität mit dem ⌀ Zinsfuß des Fremdkapitals von 4 % identisch ist, beträgt auch die Eigenkapitalrentabilität 4 %, und zwar unabhängig vom Fremdkapitalanteil.

– bei einer unter dem ⌀-Fremdkapitalzinsfuß liegenden Gesamtkapitalrentabilität von 2 % ergibt sich z. B. bei 90 % Fremdfinanzierung eine negative Eigenkapitalrentabilität von 16 %.

Dem Streben nach einer maximalen Eigenkapitalrentabilität sind in der Praxis vor allem von zwei Seiten her Grenzen gesetzt:

– Zusätzliches Fremdkapital verursacht Zins- und Amortisationsverpflichtungen, die Ausgaben zur Folge haben, welche die Liquidität negativ beeinflussen.

– Mit den festen Rückzahlungsverpflichtungen für Fremdkapital werden die Sicherheitserwägungen tangiert. Eine Unternehmung mit breiter Eigenkapitalbasis wird besser in der Lage sein, wirtschaftliche Rückschläge zu verkraften, als ein überwiegend mit Fremdkapital finanzierter Betrieb. Zusätzlich darf besonders bei kurzfristigem Fremdkapital das Prolongationsrisiko nicht unterschätzt werden.

Alle diese Feststellungen zeigen, daß der Einfluß der Kapitalstruktur auf die Rentabilität nicht isoliert betrachtet werden darf, sondern in einen größeren Zusammenhang (Liquiditäts- und Sicherheitserwägungen) zu stellen ist.

618 Return on Investment (ROI)

Das nachstehend aufgezeigte DU-PONT-Kennzahlensystem ermittelt als Zielsetzung das sog. ROI, d. h. die Gesamtkapitalrentabilität.

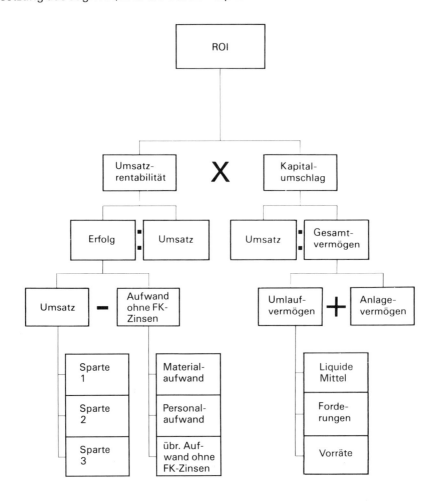

Dabei begnügt man sich nicht einfach mit der Gegenüberstellung von Erfolg und eingesetztem Kapital. Vielmehr trachtet man danach, möglichst viele Komponenten, die die Gesamtkapitalrentabilität beeinflussen, aufzuzeigen und in die Berechnung einzubeziehen. Dadurch werden zusätzliche Vergleichswerte ermittelt.

Ein anderes Anwendungsgebiet des ROI sind die Investitionsrechnungen. Dort wird dem Gewinn vor Abzug der kalkulatorischen Zinsen der halbe Kapitaleinsatz gegenübergestellt.
Es kann nach zwei verschiedenen Formeln berechnet werden:

$$\frac{\text{Gewinn vor Abzug der kalk. Zinsen} \times 100}{\text{Kapitaleinsatz} \times 0{,}5} = \%$$

Diese Formel kann, analog der vorstehend beschriebenen Rentabilitätsberechnungen, in den Erfolgskoeffizienten und den Kapitalumschlag unterteilt werden:

$$\frac{\text{Gewinn vor Abzug der kalk. Zinsen} \times 100}{\text{Umsatz}} \times \frac{\text{Umsatz}}{\text{Kapitaleinsatz} \times 0{,}5} = \%$$

Bei einem Investitionsvorhaben (z. B. Kauf einer Maschine) entspricht der Kapitaleinsatz dem Einstandswert der Maschine zuzüglich Installationskosten. Weil das eingesetzte Kapital nicht gesamthaft am Ende der Nutzungsdauer, sondern in Form der Abschreibungen kontinuierlich zurückfließt, wird mit einem konstanten Durchschnittswert von 50 % des Kapitaleinsatzes gerechnet.
Vom Gewinn, der aus einer geplanten Investition resultieren soll, werden die kalkulatorischen Zinsen in Abzug gebracht, weil es für die zu treffende Investitionsentscheidung unerheblich ist, wieweit der zu erwartende Gewinn Risikoprämie oder Kapitalverzinsung darstellt.

Abschließend zu diesem Kapital sei nochmals darauf hingewiesen, daß die Rentabilität eine der wichtigsten Voraussetzungen für die Prosperität und Kontinuität der Unternehmung ist. Sie tangiert die Existenzgrundlagen jeder Unternehmung, denn ohne eine angemessene Rendite ist eine Unternehmung auf die Dauer nicht lebensfähig.

62 Produktivität

Unter Produktivität versteht man allgemein die mengenmäßige Ergiebigkeit der betrieblichen Leistungserstellung. Ausgedrückt wird die Produktivität meistens durch den Zeitaufwand je Produktionseinheit. Die Kennzahl der Produktivität ist ein Gradmesser zur Beurteilung der Betriebsstruktur und der betrieblichen Leistungsfähigkeit.

Formel: $\dfrac{\text{Leistungsergebnis}}{\text{Leistungseinsatz}}$

Das Leistungsergebnis repräsentiert die Anzahl der hergestellten Fabrikate, der verkauften Waren oder der geleisteten Dienste. Der Leistungseinsatz ist die Anzahl der Arbeitskräfte oder die Zahl der Arbeits- oder Maschinenstunden. Eines der Hauptprobleme in einem Mehrproduktebetrieb ist die Bestimmung der Größe des Leistungsergebnisses für den gesamten Betrieb. Wo in solchen Fällen eine Stückzahlrechnung generell möglich ist, hilft man sich oft mit sog. Äquivalenzziffern, um für die Bestimmung des Leistungsergebnisses einen gemeinsamen Nenner zu finden (vergl. Beispiel Seite 152 ff.).

Beim Leistungseinsatz werden zur Bestimmung der Gesamtproduktivität einer Unternehmung der Materialeinsatz, der Arbeitseinsatz und der Vermögenseinsatz dem Leistungsergebnis gegenübergestellt. Allerdings können diese Größen vernünftig nur wertmäßig ausgedrückt werden, will man nicht mit sog. Wägungsziffern ein künstliches Mengenverhältnis messen.

Die Messung der Produktivität bedingt, daß man die beiden Faktoren «Leistungsergebnis» und «Leistungseinsatz» eindeutig erfassen und definieren kann.

Deshalb wird in der Praxis relativ wenig mit der Gesamtproduktivität operiert, sondern es werden vielmehr sog. Teilproduktivitäten berechnet[39].

Beispiele:

— Materialproduktivität: $\dfrac{\text{Leistungsergebnis}}{\text{Materialeinsatz}}$ z. B. $\dfrac{\text{Anzahl fertige Stücke}}{\text{benötigte kg Rohmat.}}$

— Arbeitsproduktivität: $\dfrac{\text{Leistungsergebnis}}{\text{Arbeitseinsatz}}$ z. B. $\dfrac{\text{Anzahl hergest. Fenster}}{\text{benötigte Arbeits-h}}$

621 Die Arbeitsproduktivität

Wir wenden uns im folgenden der bekanntesten Produktivitätskennzahl zu, der sog. Arbeitsproduktivität. Im Rahmen dieser Arbeitsproduktivität wird das Leistungsergebnis (m, t, l, Stck., m² usw.) am Arbeitseinsatz gemessen, und zwar ausgedrückt in der Anzahl der Produktionsmittel (z. B. Anzahl Maschinen) oder in der Zahl der Arbeits- und Maschinenstunden.

---

[39] Hunziker/Scheerer, a. a. O., Seite 189

6211 Leistungsergiebigkeit

Der Begriff der Leistungsergiebigkeit ist ein Synonym für die Produktivität. Oft wird dafür auch der Begriff Leistungsintensität verwendet.

Formel: $\dfrac{\text{Ist-Leistungsergebnis}}{\text{Ist-Leistungseinsatz}}$

6212 Beschäftigungsgrad

Der effektive, also der Ist-Leistungseinsatz einer Unternehmung hängt in seiner Höhe davon ab, wieweit das technische oder latente Leistungsvermögen des Betriebes aktiviert werden konnte. Dabei ist der jeweilige Leistungseinsatz von zwei Faktoren abhängig:

- von der sog. *Kapazität,* d. h. dem technisch möglichen, latenten Leistungsvermögen einer Unternehmung
- vom Grad, bei welchem es gelungen ist, diese Kapazität zu nutzen

Aus diesen beiden Komponenten ergibt sich die Beschäftigung eines Betriebes, welche im sog. Beschäftigungsgrad gemessen wird.

Formel: $\dfrac{\text{Ist-Leistungseinsatz} \times 100}{\text{Kapazität}}$

Bei Einproduktebetrieben läßt sich die Kapazität in der Anzahl vorhandener Produktionsmittel ausdrücken (z. B. Hotel = Anzahl Betten, Weberei = Zahl der Webstühle, Lagerhaus = Kubikinhalt usw.). Beim Mehrproduktebetrieb dient die Arbeitskraft resp. die Arbeits- oder Maschinenstunde als Basis.

Die Kapazität errechnet sich hier z. B. wie folgt:
Anzahl Arbeitsplätze × Anzahl Arbeitsschichten × Anzahl Wochen × Anzahl Stunden pro Woche.

6213 Ergiebigkeitsgrad

Diese Kennzahl, die auch unter dem Synonym Intensitätsgrad bekannt ist, setzt die tatsächliche Leistungsergiebigkeit ins Verhältnis zur SOLL-Ergiebigkeit.

Formel: $\dfrac{\text{IST-Leistungsergiebigkeit}}{\text{SOLL-Leistungsergiebigkeit}}$

Man will also mit dieser Kennzahl das Verhältnis zwischen der budgetierten Produktivität und der effektiv erreichten Leistungsergiebigkeit messen.

Matrix Produktivitätskennzahlen[40]

: = Division   · = Multiplikation

IST-Leistungsergebnis 603 Stück	:	IST-Leistungseinsatz 490 h	=	IST-Leistungsergiebigkeit 1,23 Stück/h
::		::		:
SOLL-Leistungsergebnis 775 Stück	:	SOLL-Leistungseinsatz (Kapazität) 530 h	=	SOLL-Leistungsergiebigkeit 1,46 Stück/h
=		=		=
Produktionsgrad 0,78 resp. 78%	=	Beschäftigungsgrad 0,92 resp. 92%	·	Ergiebigkeitsgrad 0,84 resp. 84%

6214 Produktionsgrad

Hier wird das tatsächliche Leistungsergebnis einer Rechnungsperiode der budgetierten, sog. SOLL-Leistung gegenübergestellt.

Die Formel für die Ermittlung des Produktionsgrades kann wie folgt abgeleitet werden:

$$\frac{\text{IST-Leistungsergebnis}}{\text{SOLL-Leistungsergebnis}} = \frac{\text{IST-Leistungseinsatz}}{\text{Kapazität}} \times \frac{\text{IST-Leistungsergiebigkeit}}{\text{SOLL-Leistungsergiebigkeit}}$$

$$\text{Produktionsgrad} = \text{Beschäftigungsgrad} \times \text{Ergiebigkeitsgrad}$$

[40] Bürgi A., Repetitorium I, a. a. O., Seite 29

Ein Produktionsgrad unter 100% weist darauf hin, daß die vorgegebene Auslastung nicht erreicht wurde. Es drängt sich somit eine gezielte Analyse der Abweichung auf.

Die auf Seite 88 wiedergegebene Matrix betreffend die verschiedenen Kennzahlen der Produktivität läßt die Interdependenzen gut erkennen.

622 Zahlenbeispiel zur Anwendung der besprochenen Produktivitätskennzahlen

6221 Bekannte Werte

Angaben zur Kapazität:
120 Arbeitsplätze, 44-h-Woche, 49 Arbeitswochen pro Jahr

IST-Werte lt. Produktionsrapporten:
hergestellte Stück 768 398

IST-Werte lt. Zeitrapporten:
209 563 geleistete Arbeitsstunden

Vergleichswerte aus der ERFA(Erfahrungsaustausch)-Gruppe:
Leistungsergiebigkeit = 4 Stück/je Arbeitsstunde

6222 Ermittlung der Produktivitätskennzahlen

a) *Beschäftigungsgrad*

Ermittlung der Kapazität:
120 Arbeitsplätze × 44 Wochenstunden × 49 Wochen p. a. = 258 720 h
Effektive Arbeitsstunden lt. Zeitrapporten = 209 563 h
Beschäftigungsgrad:

$$\frac{\text{IST-Leistungseinsatz} \times 100}{\text{Kapazität}} = \frac{209\,563 \times 100}{258\,720} = 81\%$$

In der vergangenen Rechnungsperiode wurde die betriebliche Kapazität zu 81% ausgenutzt.

b) *Leistungsergiebigkeit (Produktivität)*

$$\frac{\text{IST-Leistungsergebnis}}{\text{IST-Leistungseinsatz}} = \frac{768\,398 \text{ Stück}}{209\,563 \text{ h}} = 3{,}667 \text{ Stück/h}$$

In der abgelaufenen Rechnungsperiode wurden im Durchschnitt 3,667 Stück pro geleistete Arbeitsstunde ausgebracht.

c) *Ergiebigkeitsgrad*

Die effektiv erreichte Leistungsergiebigkeit soll nun an der Norm von 4 Stück/h gemessen werden.

$$\frac{\text{IST-Leistungsergiebigkeit} \times 100}{\text{SOLL-Leistungsergiebigkeit}} = \frac{3{,}67 \times 100}{4} = 91{,}75\%$$

Die als Norm gesetzte Größe wurde somit in der abgelaufenen Rechnungsperiode nur zu 91,75% erreicht.

d) *Produktionsgrad*

Ergiebigkeitsgrad × Beschäftigungsgrad = Produktionsgrad

$$\frac{91{,}75 \times 81}{100} = 74{,}32\%$$

Volle Nutzung der vorhandenen Kapazität (Vollbeschäftigung) und das Erreichen der SOLL-Ergiebigkeit hätten einen Produktionsgrad von 100% ergeben. Im vorliegenden Fall wurden jedoch lediglich 74,32% erreicht. Die sich ergebende Abweichung ist also eine Funktion des erreichten Ergiebigkeits- und Beschäftigungsgrades.

623 Analyse der Produktionsabweichung

Anhand des vorstehenden Zahlenbeispiels ergibt sich somit folgende Analyse der Veränderung der Produktionsmenge:

- *Abkürzungen:*

GA = Gesamtabweichung (Minderproduktion 266 482 Stück)
P1 = SOLL-Produktion (1 034 880 Stück)
P2 = IST-Produktion (768 398 Stück)
BGE = Beschäftigungsgradeinfluß
LEE = Leistungsergiebigkeitseinfluß
B1 = SOLL-Beschäftigung (Kapazität 258 720 h)
B2 = IST-Beschäftigung (209 563 h)
LE1 = SOLL-Leistungsergiebigkeit (4 Stück/h)
LE2 = IST-Leistungsergiebigkeit (3,67 Stück/h)

- *Gesamtabweichung*

P1 = 1 034 880 Stück
P2 = 768 398 Stück
GA = −266 482 Stück = 100%

● *Analyse*

Einfluß Beschäftigungsgrad
$(B1 - B2) \times LE1 = (258\,720\,h - 209\,563\,h) \times 4\,Stück/h =$ $-196\,628\,Stk. = -74\%$

Einfluß Leistungsergiebigkeit
$(L1 - L2) \times B2 = (4\,Stück/h - 3{,}667\,Stück/h) \times 209\,563\,h =$ rund $-69\,854\,Stk. = -26\%$

Kontrolle Gesamtabweichung $-266\,482\,Stk. = -100\%$

● *Kommentar:*

Bedingt durch den Tatbestand, daß lediglich ein Beschäftigungsgrad von 81 % erreicht wurde, ergab sich eine Minderproduktion von 196 628 Stück, was 74 % der Gesamtabweichung entspricht. Dem Betrieb ist zudem im abgelaufenen Jahr nicht gelungen, die als Norm geltende Leistungsergiebigkeit von 4 Stück/h zu erreichen. Der Ergiebigkeitsgrad von lediglich 91,75 % schlägt sich in einer Minderproduktion von gerundet 69 854 Stück nieder.

624 Interdependenzen zur Wirtschaftlichkeit, Liquidität und Rentabilität

6241 Zur Wirtschaftlichkeit

Wie im folgenden Kapitel noch eingehend erläutert wird, verkörpert sich in der Wirtschaftlichkeit das ökonomische Prinzip. Es geht also bei der Wirtschaftlichkeit darum, wertmäßig zu untersuchen, ob es gelungen ist, die betriebliche Leistung wirtschaftlich, d. h. mit dem geringstmöglichen Aufwand zu erreichen, ohne dabei qualitative Einbußen beim Endprodukt in Kauf nehmen zu müssen.

Man muß daher klar erkennen, daß eine größere Leistungsergiebigkeit nicht automatisch eine bessere Wirtschaftlichkeit nach sich zieht. Erst wenn es gelingt, die durch die bessere Leistungsergiebigkeit verursachte Mehrproduktion zu einem guten Preis am Markt abzusetzen, wird eine erhöhte Produktivität auch positive Einflüsse auf die Wirtschaftlichkeit haben.

Man überschätzt häufig den Faktor des Volumens der Produktion zu Lasten der Wirtschaftlichkeit. Dadurch entstehen in einer Unternehmung leicht Mißstände, die künftige Ergebnisse belasten und zudem meistens nicht kurzfristig behoben werden können (Remanenz der Fixkosten).

6242 Zur Liquidität

Die vorhandenen Interdependenzen zwischen Produktivität und Liquidität lassen sich an der nachstehenden Aufstellung verdeutlichen[41]:

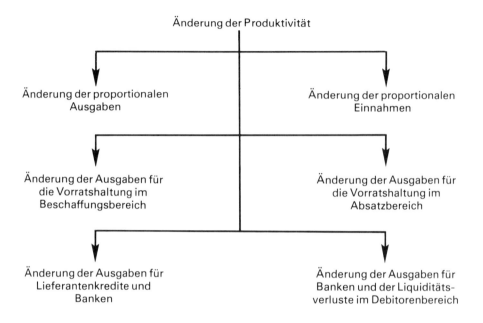

6243 Zur Rentabilität

Die Produktivität ist eine Frage des Leistungsergebnisses und des Leistungseinsatzes während einer Rechnungsperiode. Die betriebliche Leistung muß zudem wirtschaftlich und zu einem bestimmten Qualitätsniveau erstellt werden.

Der Idealfall tritt ein, wenn die Steigerung der Produktivität und die Steigerung der Wirtschaftlichkeit zu einer erhöhten Rendite führen. Dieser Zustand wird aber nur dann erreicht, wenn der Markt bereit ist, die durch die gesteigerte Produktivität erhöhte Leistungsmenge zu genügend hohen Preisen abzunehmen.

---

[41] Management Enzyklopädie, a. a. O., Seite 2733

63 Wirtschaftlichkeit

Während die Produktivität eine mengenmäßige Kennzahl ist, geht es bei der Wirtschaftlichkeit grundsätzlich darum, das in Geldeinheiten bewertete Leistungsergebnis *(Ertrag)* mit dem in Geldeinheiten bewerteten Leistungseinsatz *(Aufwand)* ins Verhältnis zu setzen. Zur Bestimmung der Wirtschaftlichkeit wird also der Ertrag einer bestimmten Produktion an den Kosten des Einsatzes gemessen.

Formel: $\dfrac{\text{Ertrag}}{\text{Aufwand}}$

Ein Betrieb arbeitet dann wirtschaftlich, wenn es der Unternehmungsleitung gelingt, die betriebliche Leistung mit dem geringsten Einsatz an Mitteln oder mit den gegebenen Mitteln die beste Leistung zu erzielen. Dieser Grundsatz ist als *ökonomisches Prinzip* bekannt[42]. Alle Bemühungen zur Verbesserung der Wirtschaftlichkeit in einer Unternehmung drehen sich daher um die beiden Begriffe

- Kostensenkung und
- Leistungssteigerung

Im Gegensatz zur Produktivität besteht der Sinn der Wirtschaftlichkeit darin, die verschiedenen betrieblichen Faktoren entsprechend ihrer wirtschaftlichen Bedeutung zu messen. Für ein Bestehen im Konkurrenzkampf genügt es nicht, daß eine Unternehmung von der technischen Seite her gesehen tadellos funktioniert. Nur wenn diese Unternehmung auch eine marktkonforme Leistung erbringt, wird sie auf die Dauer überleben und sich entwickeln können.

Maßstäbe für die Beurteilung der Wirtschaftlichkeit werden insbesondere aus der Gegenüberstellung von SOLL- und IST-Werten und aus der Konkurrenzanalyse oder dem zwischenbetrieblichen Vergleich gewonnen.

631 Betriebskoeffizient

Der Quotient aus der Gegenüberstellung vom effektiven Betriebsertrag zum effektiven Betriebsaufwand ist der sog. Betriebskoeffizient.

Formel: $\dfrac{\text{IST-Ertrag}}{\text{IST-Aufwand}}$

Die Wirtschaftlichkeit einer Unternehmung ist um so besser, je höher der Betriebskoeffizient über 1 liegt, da dieser Tatbestand auf ein positives Betriebsergebnis schließen läßt.

---

[42] Gutenberg E., Einführung in die Betriebswirtschaftslehre, Wiesbaden, 1958, Seite 31

632 Wirtschaftlichkeitsgrad

Zur Ermittlung des Wirtschaftlichkeitsgrades wird der Betriebskoeffizient mit der sog. SOLL-Wirtschaftlichkeit, einem budgetierten Wert, verglichen.

Dabei werden zwei Arten der Berechnung unterschieden:

6321 Wirtschaftlichkeitsgrad nach Aufwandsnorm

Formel: $\dfrac{\text{Betriebskoeffizient} \times 100}{\text{Aufwandsnorm}} = \%$

Zur Ermittlung der Aufwandsnorm wird der IST-Ertrag dem budgetierten SOLL-Aufwand gegenübergestellt.

Formel: $\dfrac{\text{IST-Ertrag}}{\text{SOLL-Aufwand}} = \text{Aufwandsnorm}$

Die direkte Bestimmung des SOLL-Aufwandes kann anhand von Budgetzahlen erfolgen oder aus sog. Standardkosten abgeleitet werden.
    Indirekt ist der SOLL-Aufwand durch folgende Berechnungsformel zu ermitteln:

$$\begin{aligned}&\text{Effektiver (IST) Nettoertrag}\\ &-\text{ erwartete Rendite des eingesetzten Kapitals}\\ \hline &=\text{SOLL-Aufwand}\end{aligned}$$

6322 Wirtschaftlichkeitsgrad nach Ertragsnorm

Formel: $\dfrac{\text{Betriebskoeffizient} \times 100}{\text{Ertragsnorm}} = \%$

Die Bestimmung der Ertragsnorm ist in der Praxis meistens schwieriger als das Festlegen des SOLL-Aufwandes. Die Gestaltung der Aufwandstruktur einer Unternehmung liegt mehr im Einflußbereich der Unternehmungsleitung als der doch wesentlich von den Markteinflüssen bestimmte Ertrag.
    Eine indirekte Berechnung des SOLL-Ertrages läßt sich nach folgender Berechnungsart realisieren:

$$\begin{aligned}&\text{Effektiver (IST) Aufwand}\\ &+\text{ erwartete Rendite des eingesetzten Kapitals}\\ \hline &=\text{SOLL-Ertrag}\end{aligned}$$

Die Ertragsnorm wird nun wie folgt berechnet:

Formel: $\dfrac{\text{SOLL-Ertrag}}{\text{IST-Aufwand}} = \text{Ertragsnorm}$

633 Zahlenbeispiel zur Anwendung der besprochenen Wirtschaftlichkeitskennzahlen

6331 Bekannte Werte

Die offizielle Erfolgsrechnung einer Unternehmung zeigt vereinfacht folgendes Bild:

Erfolgsrechnung pro 19.1			
Materialaufwand	135 000	Nettoumsatz	600 000
Personalaufwand	225 000	Neutraler Erfolg	20 000
Betriebsunkosten	220 000		
Gewinn	40 000		
	620 000		620 000

Über die Bewegung der stillen Reserven liegen folgende Angaben vor:

- Stille Reserven zu Beginn der Rechnungsperiode   120 000
- Stille Reserven am Ende der Rechnungsperiode   135 000

Die Unternehmungsleitung wird eine Rendite von 6% des eingesetzten Kapitals von total Fr. 700 000 als Ziel setzen.

6332 Ermittlung der Wirtschaftlichkeitskennzahlen

a) Betriebskoeffizient

Vorerst wird der effektive betriebliche Aufwand ermittelt:

Materialaufwand	135 000
Personalaufwand	225 000
Betriebsunkosten	220 000
Total lt. offiz. Erfolgsrechnung	580 000
abzüglich neue stille Reserven	15 000
Effektiver Betriebsaufwand	565 000

Der betriebliche Ertrag entspricht dem Nettoumsatz von 600 000. Der neutrale Erfolg wird, da nicht betriebsbedingt, nicht in die Berechnung einbezogen.

Der betriebliche Ertrag wird dem betrieblichen Aufwand gegenübergestellt:

$$\frac{600\,000}{565\,000} = 1,062$$

Das Ergebnis mit einem Wert über 1 weist darauf hin, daß ein Gewinn erzielt wurde.

b) Ermittlung des SOLL-Aufwandes

Die Aufwandsnorm wird aufgrund der vorne beschriebenen indirekten Methode ermittelt:

- IST-Ertrag (Betriebsertrag) 600 000
- abzüglich 6 % erwartete Rendite von 700 000   42 000
- SOLL-Aufwand 558 000

c) Ermittlung der Aufwandsnorm

Die geplante Wirtschaftlichkeit aufgrund der Aufwandsnorm ergibt folgenden Wert:

$$\frac{600\,000}{558\,000} = 1,075$$

d) Ermittlung des Wirtschaftlichkeitsgrades

$$\frac{1,062 \times 100}{1,075} = 98,79\%$$

Die geplante SOLL-Wirtschaftlichkeit in Form der Aufwandsnorm wurde lediglich zu 98,79 % erreicht. Dies ist darauf zurückzuführen, daß der effektive Aufwand mit Fr. 565 000 um 7 000 über dem geplanten SOLL-Aufwand von 558 000 lag.

634 Wirtschaftlichkeitsanalyse

Ziel der Wirtschaftlichkeitsanalyse ist es, die Veränderungen im Aufwand und Ertrag zu analysieren. Die Ursachen der Ertragsänderungen können z. B. preis- oder mengenmäßige Komponenten sein. Auf der Aufwandseite haben Kapazitätsänderungen, Änderungen im Beschäftigungsgrad oder in der Leistungsergiebigkeit ihre Auswirkungen. Auch die in einer Unternehmung vorhandene Kostenstruktur hat einen Einfluß auf die Wirtschaftlichkeit. So werden z. B. Betriebe mit einem starren Kostengefüge (hoher Fixkostenanteil) sich weniger schnell an veränderte Marktsituationen anpassen, weil sie dem bereits früher zitierten Phänomen der Remanenz der Fixkosten in vermehrtem

Maße unterliegen[43]. Bei einer steigenden Beschäftigung wird sich in solchen Betrieben die Wirtschaftlichkeit zusätzlich verbessern, während bei einer sinkenden Beschäftigung eine zunehmende Verschlechterung eintritt, weil die Fixkosten nicht parallel zum Rückgang der Beschäftigung abgebaut werden können.

Im nachstehenden Beispiel wird die Gesamtabweichung des Umsatzes (Verkaufserlös) auf den Einfluß der Kapazität, der Beschäftigung, der Leistungsergiebigkeit und der Verkaufspreisdifferenz untersucht[44].

6341 Zeichenerklärung

Zeichenerklärung

K_1	=	Kapazität	1. Jahr	=	230 000 h
K_2	=	Kapazität	2. Jahr	=	276 000 h
B_1	=	Beschäftigungsgrad	1. Jahr	=	0,96
B_2	=	Beschäftigungsgrad	2. Jahr	=	0,91
L_1	=	Leistungsergiebigkeit	1. Jahr	=	4 Stück/h
L_2	=	Leistungsergiebigkeit	2. Jahr	=	3,8 Stück/h
PE_1	=	Preis pro Einheit	1. Jahr	=	Fr. 1.20
PE_2	=	Preis pro Einheit	2. Jahr	=	Fr. 1.25
$G_{1/2}$	=	Gesamtabweichung	1./2. Jahr	=	
V_1	=	Verkaufserlös	1. Jahr	=	Fr. 1 059 840
V_2	=	Verkaufserlös	2. Jahr	=	Fr. 1 193 010
M_2	=	Produktionsmenge	2. Jahr	=	954 408 m

6342 Formeln

Ermittlung Verkaufserlös

$V_1 = K_1 \cdot B_1 \cdot L_1 \cdot PE_1$

$V_2 = K_2 \cdot B_2 \cdot L_2 \cdot PE_2$

Ermittlung Gesamtabweichung

$G_{1/2} = V_1 - V_2$

---

[43] Hunziker/Scheerer, a. a. O., Seite 222
[44] Bürgi A., Repetitorium I, a. a. O., Seite 36

Einfluß Kapazität (K_E)

$K_E = (K_2 - K_1) \cdot B_1 \cdot L_1 \cdot PE_1$

Einfluß Beschäftigungsgrad (B_E)

$B_E = [(K_2 \cdot B_2) - (K_2 \cdot B_1)] \cdot l_1 \cdot PE_1$

Einfluß Leistungsergiebigkeit (L_E)

$L_E = a - b$

$a = \dfrac{y \cdot B_2}{B_1}$ $\quad y = \dfrac{V_1 \cdot K_2}{K_1}$ $\quad b = \dfrac{a \cdot L_2}{L_1}$

Einfluß Verkaufspreis (V_E)

$V_E = M_2 \cdot (PE_1 - PE_2)$

Kontrolle Gesamtabweichung

$G_{1/2} = K_E (+/-) \, B_E (+/-) \, L_E (+/-) \, V_E$

6343 Berechnung des Verkaufspreises und der Abweichung

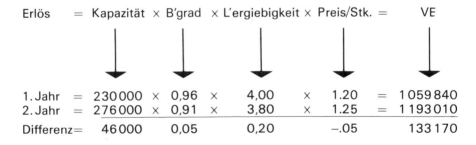

		Kapazität	×	B'grad	×	L'ergiebigkeit	×	Preis/Stk.	=	VE
Erlös	=									
1. Jahr	=	230 000	×	0,96	×	4,00	×	1.20	=	1 059 840
2. Jahr	=	276 000	×	0,91	×	3,80	×	1.25	=	1 193 010
Differenz =		46 000		0,05		0,20		−.05		133 170

6344 Wirtschaftlichkeitsanalyse

a) *Einfluß Kapazität*

Kapazität 1. Jahr	230 000	
Kapazität 2. Jahr	276 000	
Differenz	46 000 = 20%	
zu den Faktoren 1. Jahr		
BG 96%	= 44 160	
LE 4 (44 160 × 4)	= 176 640	
P/Stück 1.20 (176 640 × 1.20)	= 211 968	= +211 968

b) *Einfluß Beschäftigungsgrad*

BG 91% im 2. Jahr von 276 000 h Kapazität	= 251 160 h	
BG 96% im 1. Jahr von 276 000 h Kapazität	= 264 960 h	
Differenz	13 800 h	
zu LE 4/ × P/Stück 1.20	= 66 240	= − 66 240

c) *Einfluß Leistungsergiebigkeit*

Umsatz 1. Jahr	1 059 840.—	
bei um 20% erhöhter Kapazität entspricht einem BG von 96%	1 271 808.—	
bei BG 91% $= \dfrac{1\,271\,808 \times 91}{96} =$	1 205 568.—	
entspricht LE 4		
bei LE 3,8 $= \dfrac{1\,205\,568 \times 3{,}8}{4} =$	1 145 289.60	
Differenz	= 60 278.40	= − 60 278.40

d) *Einfluß Verkaufspreis*

954 408 im 2. Jahr zu 0,05 Preisdifferenz	= 47 720.40	= + 47 720.40

e) *Gesamtabweichung wie oben* +133 170

635 Wirtschaftlichkeitsmessungen im Materialbereich

Im Rahmen der Materialkosten ist die Gegenüberstellung der in der Vorkalkulation eingesetzten mit den anhand der Nachkalkulation festgestellten effektiven Werten eine für die Unternehmungsleitung wichtige Information. Die Abweichung zwischen diesem SOLL- und dem IST-Wert kann dabei generell in eine mengenmäßige und eine wertmäßige Komponente unterteilt werden.

6351 Analyse der Veränderung der Materialkosten[45]

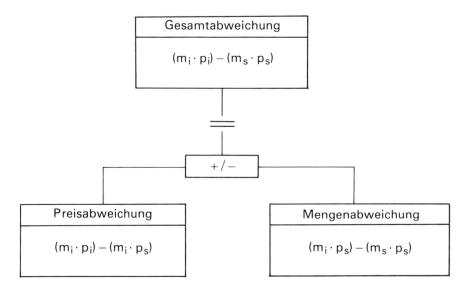

m_i = effektive, anhand der Nachkalkulation ermittelte Materialmenge
m_s = vorkalkulierte Materialmenge
p_i = effektive, anhand der Nachkalkulation ermittelte Materialkosten
p_s = vorkalkulierte Materialkosten

6352 Materialpreisabweichung

- effektive Materialkosten anhand der Nachkalkulation:
  33 000 kg à Fr. 5.—/kg ($m_i \cdot p_i$)   Fr. 165 000
- effektiv verbrauchte Materialmenge zu vorkalkulierten Preisen:
  33 000 kg à Fr. 4.50/kg ($m_i \cdot p_s$)   Fr. 148 500
- Mehrkosten infolge Materialpreisabweichung   Fr. 16 500

---

[45] Bürgi A., Repetitorium II Buchhalterdiplom, Bern, 1976, Seite 55

6353 Materialpreisindex

Zu Vergleichszwecken läßt sich nun der Materialpreisindex berechnen.

Formel: $\dfrac{\text{Effektive Materialkosten} \times 100}{\text{Vorkalkulierte Materialkosten}} = \dfrac{165\,000 \times 100}{148\,500} = 111{,}1\%$

Ein Materialpreisindex von über 100 % bringt zum Ausdruck, daß die tatsächlich angefallenen Materialkosten gemäß Nachkalkulation höher sind als die vorkalkulierten Werte. Im vorliegenden Beispiel sind Materialmehrkosten infolge höherer Preise von rund 11 % gegenüber dem Planwert zu verzeichnen.

6354 Materialmengenabweichung

- effektiv verbrauchte Materialmenge zu vorkalkulierten Preisen:
  33 000 kg à Fr. 4.50/kg ($m_i \cdot p_s$)   Fr. 148 500
- geplanter Materialverbrauch zu vorkalkulierten Preisen:
  35 000 kg à Fr. 4.50/kg ($m_s \cdot p_s$)   Fr. 157 500
- Minderkosten infolge Materialmengenabweichung   Fr. 9 000

6355 Materialverbrauchsindex

Formel:

$\dfrac{\text{IST-Materialverbrauch zu Verrechnungspreisen } (m_i \cdot p_s) \times 100}{\text{SOLL-Materialverbrauch zu Verrechnungspreisen } (m_s \cdot p_s)}$

$\dfrac{148\,500 \times 100}{157\,500} = 94{,}3\%$

Die Kennzahl zeigt an, daß die effektiv verbrauchte Materialmenge, bewertet zu den Vorkalkulationspreisen, 5,7 % unter der geplanten Materialverbrauchsmenge liegt.

6356 Kontrolle und Analyse der Gesamtabweichung

- effektive Materialkosten anhand der Nachkalkulation   Fr. 165 000
- geplante Materialkosten anhand der Vorkalkulation   Fr. 157 500
- Gesamtmaterialkostenabweichung (Mehrkosten)   Fr. 7 500

Diese Gesamtmaterialkostenabweichung setzt sich wie folgt zusammen:

- Mehrkosten infolge Materialpreisabweichung + Fr. 16 500
- Minderkosten infolge geringem Materialverbrauch − Fr. 9 000
- Gesamtmaterialkostenabweichung wie oben + Fr. 7 500

636 Wirtschaftlichkeitsmessungen im Lohnkostenbereich

Die Analyse der Veränderung der Lohnkosten erfolgt nach den gleichen Prinzipien wie bei den Materialkosten.

6361 Analyse der Veränderung der Lohnkosten[46]

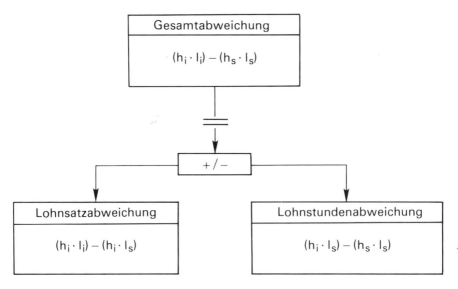

h_i = effektive Arbeitsstunden lt. Arbeitsrapporten
h_s = vorkalkulierte Arbeitsstunden
l_i = effektiver Lohnansatz pro Stunde lt. Lohnbuchhaltung
l_s = vorkalkulierter Lohnsatz pro Stunde

Auf die Wiedergabe eines Zahlenbeispiels wird hier verzichtet, da gleich vorgegangen wird wie bei der Ermittlung der Materialkostenabweichung (Seite 100ff.).

---

[46] Bürgi A., Repetitorium II, a. a. O., Seite 60

6362 Lohnsatzindex

Der Lohnsatzindex bringt zum Ausdruck, ob die dem Personal ausbezahlten Löhne höher oder tiefer als die in der Vorkalkulation berechneten Lohnkosten sind.

Formel: $$\frac{\text{IST-Löhne } (h_i \cdot l_i) \times 100}{\text{Lohnstunden} \times \text{Verrechnungssatz } (h_i \cdot l_s)}$$

6363 Leistungsgrad

Der Leistungsgrad gibt stunden- oder frankenmäßig (je nach den angewandten Basisdaten) an, ob die in der Vorkalkulation vorgegebene Leistungshöhe über- oder unterschritten wurde.

Formel:

a) stundenmäßig: $$\frac{\text{Vorgegebene Zeit } (h_s) \times 100}{\text{Effektive Zeit } (h_i)}$$

b) frankenmäßig: $$\frac{\text{Vorkalkulierte Lohnkosten } (h_s \cdot l_s) \times 100}{\text{eff. Lohnstunden} \times \text{Verrechnungssatz } (h_i \cdot l_s)}$$

6364 Zahlenbeispiel für Lohnsatzindex und Leistungsgrad

- effektiv ausbezahlte Löhne ($h_i \cdot l_i$)   Fr. 10 000
- effektive Lohnstunden, berechnet zu den vorkalkulierten Lohnstundensätzen ($h_i \cdot l_s$)   Fr. 9 500
- vorkalkulierte Lohnstunden zu vorkalkulierten Lohnstundensätzen ($h_s \cdot l_s$)   Fr. 9 200

a) *Lohnsatzindex:* $\frac{10\,000 \times 100}{9500} = 105,3\%$

b) *Leistungsgrad wertmäßig:* $\frac{9200 \times 100}{9500} = 96,8\%$

c) Kommentar:

Der Lohnsatzindex von 105,3% bringt zum Ausdruck, daß die ausbezahlten Löhne um 5,3% höher liegen als die ursprünglich in der Vorkalkulation eingesetzten Lohnkosten.

Der Leistungsgrad von 96,8% weist darauf hin, daß die vorgegebene Leistungshöhe um 3,2% unterschritten wurde. Der Grund hiefür könnte z. B. in der Tatsache liegen, daß an einem bestimmten Arbeitsplatz ein Arbeiter neu eingestellt wurde, der die entsprechende Maschine noch nicht optimal handhaben konnte.

64 Die sechs kritischen Kostenpunkte

In der Kostenrechnung lassen sich grafisch und rechnerisch sechs kritische Kostenpunkte ermitteln.

In den beiden nachstehenden Grafiken «Totalkostenkurve» und «Stückkostenkurve» sind diese sechs Punkte ersichtlich:

641 Definitionen

Totalkosten	– Summe der fixen und variablen Kosten (TK)
Stückkosten	– Durchschnitts-, Einheits- oder Stückkosten – variable und fixe Kosten pro Stück oder Einheit (DK)
Grenzkosten	– sind die auf die letzte Beschäftigungsschicht bezogenen Kosten. Das Denken in Grenzkosten ist ein Denken in Produktionsschichten. Grenzkosten sind somit Kosten, die pro Produktionsschicht neu anfallen. (dk) Grenzkosten pro Stück (GdK) Grenzkosten pro Stück × Menge (Anzahl der Produkte)
Variable Kosten	sind veränderliche Kosten, auch Beschäftigungskosten genannt. Einzelne sind vom Beschäftigungsgrad voll abhängig und verändern sich demnach proportional, andere sind beschränkt abhängig und verändern sich progressiv oder degressiv (VK)
Fixe Kosten	– Kapazitätskosten, also diejenigen Kosten, die unabhängig von der Produktionsmenge und der Beschäftigung entstehen (z.B. wenn der Betrieb nicht arbeitet)

642 Grafik «Totalkostenkurve»

TK = Totalkosten
GdK = Gesamtdifferentialkosten
VK = variable Kosten
V = Verkaufserlös bei Annahme eines Marktpreises von Fr. 650.–/Stück

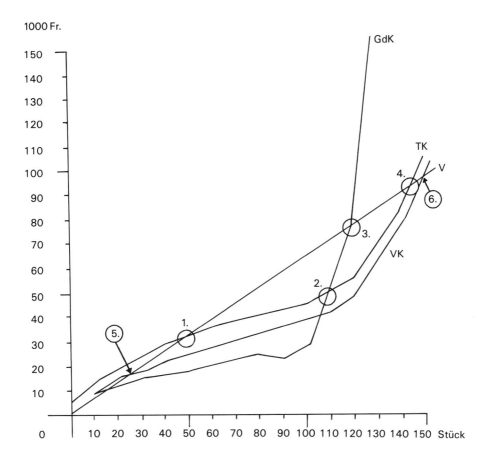

Kritische Kostenpunkte:

1. Nutzenschwelle
2. Optimaler Kostenpunkt (auch Kostenkehre genannt)
3. Gewinnmaximum
4. Nutzengrenze
5. Betriebsminimum
6. Betriebsmaximum

105

643 Grafik «Stückkostenkurve»

DK = Durchschnitts-, Einheits- oder Stückkosten
dK = Grenzkosten pro Stück
DVK = durchschnittlich variable Kosten
V = Verkaufserlös

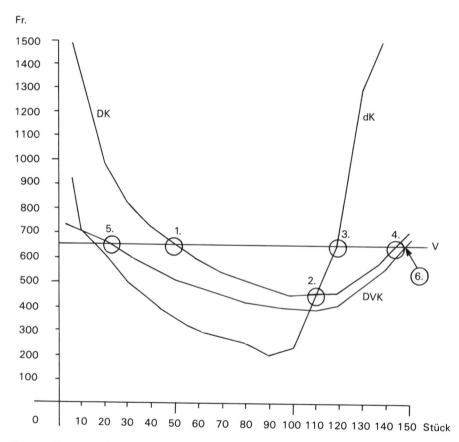

Kritische Kostenpunkte:

1. Nutzenschwelle
2. Optimaler Kostenpunkt (auch Kostenkehre)
3. Gewinnmaximum
4. Nutzengrenze
5. Betriebsminimum
6. Betriebsmaximum

644 Die Nutzenschwelle

Im Rahmen der Wirtschaftlichkeit werden die beiden Größen Ertrag und Aufwand einander gegenübergestellt. Bei einem Betriebskoeffizienten von 1, d.h. dort, wo Aufwand gleich Ertrag ist, liegt die Nutzenschwelle (auch break even point). Von diesem Punkt an tritt die Unternehmung in die Gewinnzone ein.

In der Totalkostenkurve sind bei diesem Punkt (1) resp. bei dieser erzeugten Menge die gesamten Kosten gleich dem Verkaufserlös. In der Stückkostenkurve sind bei diesem Punkt (1) die Selbstkosten pro Stück gleich dem Verkaufspreis pro Stück. Da die Kosten bei größerer Stückzahl bis zum Eintritt des nächsten Fixkostensprunges abnehmen, beginnt bei gleichem Preis ab dieser Stückzahl der Nutzen, d.h. der Gewinn des Betriebes.

Die Nutzenschwelle läßt sich sowohl wert- als auch mengenmäßig berechnen:

6441 Die wertmäßige Nutzenschwelle

Formel: $$\frac{\text{Verkaufserlös} \times \text{fixe Kosten}}{\text{Verkaufserlös} - \text{variable Kosten}}$$

Das Resultat ergibt jene wertmäßige Umsatzgröße, bei welcher die Gewinnzone erreicht wird.

6442 Die mengenmäßige Nutzenschwelle

Formel: $$\frac{\text{Fixe Kosten}}{\text{Erlös je Stück} - \text{variable Kosten je Stück}}$$

Die mengenmäßige Nutzenschwelle gibt an, welcher stückmäßige Umsatz erzielt werden muß, um die Selbstkosten zu decken.

Detaillierte Nutzenschwellenberechnungen und -analysen bedingen besonders in Produktionsbetrieben eine ausgebaute Betriebsbuchhaltung, die es erlaubt, die fixen und variablen Kostenkomponenten zu ermitteln.

645 Der optimale Kostenpunkt

In der Totalkostenkurve sind bei diesem Punkt (2) die Gesamtkosten gleich den totalen Grenzkosten (GdK). Ab diesem Punkt steigen die Grenzkosten stark an.

Vom Einsetzen der Produktion an ist in der Stückkostenkurve ein degressiver Verlauf der DK-Kurve festzustellen, d.h. die Gesamtkosten nehmen nicht in gleichem Maße wie die Produktionsmenge zu. Die Grenzkosten (dK) werden durch die bessere Ausnutzung der Kapazität kleiner. Die Stückkostenkurve (DK) verläuft also degressiv über der Grenzkostenkurve (dK).

Am tiefsten Punkt der Stückkostenkurve (2) schneidet sie sich mit der Grenzkostenkurve. Hier ist der Kostenzuwachs gleich den Stückkosten. Vor Erreichen dieses Punktes sind die Stückkosten größer als der Kostenzuwachs durch die Mehrproduktion. Daraus läßt sich ableiten, daß eine Mehrproduktion die Einheitskosten senkt. Nach dem optimalen Kostenpunkt sind die Stückkosten geringer als der Kostenzuwachs infolge Mehrproduktion. Eine erneute Mehrproduktion wird also die Stückkosten wieder erhöhen.

Im Schnittpunkt 2 liegt somit der optimale Kostenpunkt, d.h. hier sind die Produktionsfaktoren optimal aufeinander abgestimmt.

646 Das Gewinnmaximum

Maximaler Gewinn ist erreicht, wenn in der Totalkostenkurve die totalen Grenzkosten gleich den Verkaufserlösen sind.

Es ist dies der Punkt (3) höchsten Gesamtnutzens für den Betrieb, denn hier ist der Kostenzuwachs durch die vermehrte Produktion gleich dem Erlöszuwachs durch vermehrten Absatz.

Maximaler Gewinn wird in der Stückkostenkurve erreicht, wenn die Grenzkosten gleich dem Verkaufspreis (Erlös/Stück) sind (Punkt 3).

Obschon die Grenzkosten (dK) nach Verlassen des optimalen Kostenpunktes (2) progressiv ansteigen, lohnt sich die Mehrproduktion für den Betrieb, solange diese vermehrten Kosten durch den Erlös aus der zusätzlichen Produktion mindestens gedeckt werden. Sind die Grenzkosten geringer als die Stückpreise, die der Betrieb auf dem Markt erzielt, so erhöht eine Weiterproduktion den Gesamtgewinn des Betriebes bis zum Erreichen des Gewinnmaximums.

647 Die Nutzengrenze

Die Kosten und die Erlöse sind in der Totalkostenkurve wieder (wie bei 1) gleich groß. Wird dieser Punkt (4) überschritten, beginnt der Verlust. Die Kosten sind dann höher als die Erlöse.

Die Stückkosten sind in der Stückkostenkurve bei diesem Punkt (dieser Stückzahl) wieder gleich dem Preis. Wird dieser Punkt (diese Stückzahl) überschritten, resultiert ein Verlust (4).

648 Das Betriebsminimum

Dieser Punkt (5) ist in der Totalkostenkurve gleichbedeutend einer kurzfristigen Preisuntergrenze. Der erzielte Preis ist gleich den variablen Kosten.

Grafisch schneidet im Stückkostendiagramm die Kurve der variablen Kosten die Kurve der Verkaufserlöse (Preis). Die fixen Kosten können also nicht mehr gedeckt werden.

In der betriebswirtschaftlichen Literatur wird das Betriebsminimum auch als jener Punkt definiert, wo die Stillstand- und Wiederingangsetzungskosten gleich den Gesamtkosten minus Preis sind. Daraus ergibt sich, daß im Betriebsminimum die Stillegung des Betriebes kostenmäßig keinen höheren Verlust verursacht als eine allfällige Weiterproduktion.

Der Entscheid, ob eine Betriebsschließung (oder z.B. auch die Stillegung einer Abteilung) erfolgen soll, wird aus kostentechnischen Überlegungen wie folgt gefällt:
– Eine Betriebsschließung erfolgt dort, wo die Stillstands- und Wiederingangsetzungskosten kleiner sind als die Gesamtkosten minus Preis (Erlös).
– Für die Weiterproduktion wird man sich entscheiden, wenn die Stillstands- und Wiederingangsetzungskosten größer sind als die Gesamtkosten minus Preis (Erlös).

In diesem Zusammenhang eine kurze Definition der Stillstandskosten. Es handelt sich um die unvermeidbaren Kosten der Verzinsung des investierten Kapitals, der Abschreibungen, der Mindestverwaltung, der Bewachung und Mindestpflege. Sie werden oft auch als Kapazitätskosten bezeichnet und sind innerhalb einer bestimmten Betriebsgröße absolut fix.

Die Wiederingangsetzungskosten umfassen jene Kostenkomponenten, die bei der erneuten Produktionsaufnahme nach einer Stillegung anfallen. Oft wird auch von Bereitschaftskosten (Mindestpersonal, Vorräte unmittelbar vor erneuter Produktionsaufnahme) gesprochen. Sie haben sprunghaft fixen Charakter.

649 Das Betriebsmaximum

Hier treffen die Kurve der variablen Kosten mit der Erlöskurve in beiden Grafiken nochmals aufeinander, aber im letztmöglichen Punkt (6). Er ist allerdings praktisch ohne Bedeutung, liegt er doch dort, wo die Progression infolge «Überproduktion» derart groß ist, daß der Betrieb die Deckung der variablen Kosten gerade noch erarbeiten kann. Es dürfte wohl keiner Unternehmungsleitung einfallen, die Produktion so weit zu steigern, daß der erwartete Preis nicht einmal mehr die vermeidbaren variablen Kosten abdeckt.

65 Strukturanalyse der Erfolgsrechnung

Die Analyse der Struktur der Erfolgsrechnung bringt für die Unternehmungsleitung nur dann repräsentative Kennzahlen, wenn von einer bereinigten Erfolgsrechnung ausgegangen wird, wie sie im Kapitel 432 beschrieben ist. Ausgangsbasis für die Struktur der Erfolgsrechnung ist der nach den betriebsindividuellen Bedürfnissen gestaltete Kontenplan in den Kontenklassen 3 (Waren- und Materialaufwand), 4 (Betriebsaufwand), 6 (Betriebsertrag) und 7 (außerordentlicher oder neutraler Aufwand und Ertrag, Liegenschaftsrechnung).

Auf dem in der Schweiz als allgemein gültig anerkannten Kontenrahmen für Gewerbe-, Industrie- und Handelsbetriebe von Prof. Karl Käfer basieren auch die meisten von den Berufsverbänden herausgegebenen, branchenbezogenen Kontenrahmen.

651 Erläuterung der mit der Erfolgsrechnung zusammenhängenden Begriffe[47]

Um eine klare Abgrenzung in der Terminologie zu schaffen, werden kurz die drei Begriffe Erlös, Ertrag und Erfolg gegeneinander abgegrenzt.

6511 Erlös

Unter dem Begriff Erlös wird der Bruttoumsatz einer Rechnungsperiode verstanden. Sofern von diesem Bruttoumsatz die sog. Erlösminderungen (z. B. Skonti, Rabatte, Rücksendungen von Kunden, WUST usw.) bereits in Abzug gebracht wurden, ergibt sich der Nettoumsatz, der ebenfalls unter dem Begriff «Erlös» figurieren kann. Der Erlös ist die Ausgangsbasis für die sog. Absatzerfolgsrechnung.

6512 Ertrag

Der Ertrag entspricht dem Erlös plus resp. minus die Bestandesveränderungen in den Halb- und Fertigfabrikaten, sowie einschließlich die Veränderungen in den sog. eigenen Anlagenaufträgen. Der Ertrag bildet die Ausgangsbasis für die sog. Produktionserfolgsrechnung, in welcher dem Ertrag der gesamten Produktion der entsprechende Aufwand gegenübergestellt wird.

6513 Erfolg

Der Erfolg ist immer eine Saldogröße. Er stellt die Differenz zwischen Aufwand und Ertrag dar. Der Erfolg kann somit positiv (= Gewinn) oder negativ (= Verlust) sein.

6514 Bruttogewinn

Bei der Ermittlung des Bruttogewinnes wird dem Erlös ein Teilaufwand gegenübergestellt. In einem Warenhandelsbetrieb errechnet sich der Bruttogewinn wie folgt:

Verkaufserlös
− Warenaufwand (Einstandspreis der verkauften Waren)
= Bruttogewinn

---

[47] vergl. Hunziker/Scheerer, a. a. O., Seite 365

In einem Produktionsbetrieb erfolgt die Berechnung des Bruttogewinnes nach folgender Berechnungsformel:

  Verkaufserlös
− Herstellkosten der verkauften Produkte
= Bruttogewinn

Der Begriff der Herstellkosten ist in Punkt 4312.1 «Aktiven/angefangene Arbeiten» näher definiert. Der Bruttogewinn ist ein zentrales Element der Kosten- und Preispolitik. Deshalb ist es besonders wichtig, daß diese Kennzahl für die Gewinnung von Führungsinformationen aus einer bereinigten Erfolgsrechnung gewonnen wird.

Die Steuerverwaltung benützt diese Kennzahl, allerdings anhand der ihr zur Verfügung stehenden offiziellen Bilanz, zu Vergleichszwecken. Anhand von Vorjahreswerten der entsprechenden Unternehmung oder anhand von Bruttogewinnmargen ähnlich gelagerter Betriebe gleicher Branche kann sie ermitteln, ob wesentliche Bewegungen in den stillen Reserven stattgefunden haben.

6515 Betriebserfolg

Die Gegenüberstellung des betrieblich bedingten Aufwandes und des Betriebsertrages (das Ergebnis der betrieblichen Leistungen) ergibt als Saldogröße den Betriebserfolg.

6516 Unternehmungserfolg

Im Gegensatz zum Betriebserfolg werden zur Ermittlung des Unternehmungserfolges nebst den betrieblichen auch die neutralen Aufwände und Erträge mit in die Berechnung einbezogen.

6517 Deckungsbeitrag

Die Berechnungsformel für den Deckungsbeitrag lautet:

  Verkaufserlös
− proportionale (variable) Kosten
= Deckungsbeitrag

Der Deckungsbeitrag gibt an, welcher Betrag vom Verkaufserlös nach Abzug der variablen Kosten noch zur Deckung der fixen Kosten übrigbleibt.

Die Ermittlung des Deckungsbeitrages erfordert eine nach dem Prinzip des Direct Costing aufgebaute Kostenrechnung, die die Unterteilung der Kosten in ihre fixen und variablen Komponenten enthält.

Im Rahmen der Sortimentspolitik oder im Zusammenhang mit sog. betrieblichen Engpässen wie auch für die Bestimmung der kurzfristigen Preisuntergrenze ist der Deckungsbeitrag eine wichtige Kennzahl.

Im Zusammenhang mit der Preisgestaltung muß man sich immer klar vor Augen halten, daß bei einem Deckungsbeitrag von Null nicht etwa die Nutzenschwelle erreicht ist, sondern lediglich die variablen, nicht aber die fixen Kosten durch den Verkaufserlös gedeckt sind!

6517.1 Das Problem der Preisuntergrenze

Im Zeichen des verschärften Preiskampfes in der letzten Zeit hat die Deckungsbeitragsrechnung bei der Bestimmung der kurzfristigen Preisuntergrenze zusätzliches Gewicht erhalten. Generell wird als absolute kurzfristige Preisuntergrenze jener Preis verstanden, bei welchem die durch einen bestimmten Auftrag entstandenen variablen Kosten gedeckt werden.

Immerhin hat sich, diktiert durch die entsprechenden Marktverhältnisse, eine Differenzierung dieses Begriffes nach den äußeren Umständen aufgedrängt.

Bei *Unterbeschäftigung* ist die obige Definition der absoluten kurzfristigen Preisuntergrenze zutreffend. Vereinzelt wurde sie sogar noch weiter nach unten korrigiert und als jener Punkt bezeichnet, bei welchem die ausgabenwirksamen variablen Kosten gedeckt sind. Dies würde zum Beispiel bei den Materialkosten bedeuten, daß in die ausgabenwirksamen variablen Materialkosten nur jene Kostenkomponenten einbezogen werden, die durch einen effektiven Materialeinkauf für einen bestimmten Auftrag anfallen und somit direkt Ausgaben verursachen. Die Materialkosten, die aufgrund von Lagermaterial für einen bestimmten Auftrag entstehen, sind dabei nicht ausgabenwirksam.

Die Gefährlichkeit des Operierens mit dieser absoluten Preisuntergrenze wird deutlich, wenn man sich bewußt ist, daß so der gesamte Fixkostenblock nicht abgedeckt ist, von einer Gewinnmarge ganz zu schweigen.

Als kurzfristige Maßnahme zur Sicherung der Beschäftigung ist die Anwendung der Preisuntergrenze jedoch durchaus opportun. Ihre genaue Kenntnis ist sogar ein unbedingtes Erfordernis, wenn man nicht riskieren will, im Sog der sogenannten Abgebote oder der Tendenz des Abschlusses um jeden Preis schlußendlich einen Auftrag noch unter dieser absoluten Preisuntergrenze anzunehmen. Ein solches Verhalten bedeutet über kurz oder lang den Untergang einer Unternehmung. Diese Überlegungen seien kurz an einem Zahlenbeispiel erläutert: Für einen Auftrag sind folgende Kosten- und Preiselemente ermittelt worden:

Variable, d.h. absolut beschäftigungsabhängige Kosten	Fr. 100 000
davon ausgabenwirksam	Fr. 70 000
Fixe, d.h. beschäftigungsunabhängige Kosten	Fr. 80 000
Offerierter Preis	Fr. 200 000

Wird der offerierte Preis von Fr. 200 000 realisiert, so ergibt sich folgender Deckungsbeitrag:

Offerierter Preis	Fr. 200 000
abzüglich variable Kosten	Fr. 100 000
Deckungsbeitrag an die fixen Kosten und den Gewinn	Fr. 100 000

Nachdem die fixen Kosten Fr. 80 000 betragen, resultiert bei dieser Preisstellung ein Gewinn von Fr. 20 000 (Abb. 4).

Geht es nun im Rahmen einer Arbeitsvergebung darum, die Preisuntergrenze für diesen Auftrag festzustellen, so sind folgende Überlegungen anzustellen:

1. Bestimmung der kurzfristigen Preisuntergrenze über die variablen Kosten
Diese Preisuntergrenze sagt aus, daß der Preis gerade die durch den Auftrag vermeidbaren variablen Kosten, hier also Fr. 100 000, deckt. Der realisierte Preis ist in diesem Fall identisch mit den variablen Kosten des entsprechenden Auftrages. Ein Deckungsbeitrag an die verbleibenden fixen Kosten von Fr. 80 000 wird dabei nicht erbracht (Abb. 5).

Über die Rechnungsperiode (Geschäftsjahr) betrachtet, muß sich der Unternehmer bei einer solchen Preisstellung im klaren sein, daß er den entgangenen Deckungsbeitrag an fixe Kosten und Gewinn durch zusätzliche Aufträge erwirtschaften muß, will er nicht einen Substanzverlust riskieren.

2. Deckungsbeitrag über die ausgabenwirksamen variablen Kosten
Diese nur in äußersten Extremfällen anzuwendende Preisuntergrenze zielt darauf ab, daß durch den erwirtschafteten Preis gerade die ausgabenwirksamen variablen Kosten (in unserem Fall Fr. 70 000) gedeckt werden. Dies bedeutet mit andern Worten, daß der Auftrag zu einem Preis angenommen wurde, der nicht einmal die sonst vermeidbaren Material- und Lohnkosten deckte, geschweige denn einen Deckungsbeitrag an die vorhandenen fixen Kosten oder gar den Gewinn erbrachte (Abb. 6).

Die bei der entsprechenden Preisstellung ungedeckten Kosten- und Gewinnkomponenten gehen aus der nachstehenden Darstellung hervor (gefärbte Fläche).

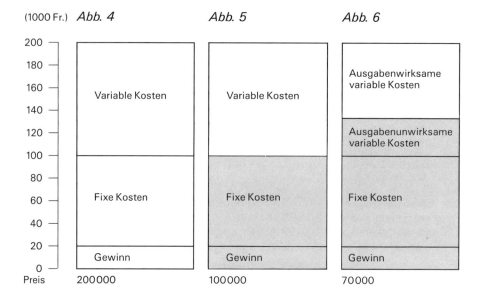

652 Die verschiedenen Arten der Erfolgsrechnung[48]

Im folgenden sind die verschiedenen Typen der Erfolgsrechnung und ihre Gliederung dargestellt. Für einen internen Vergleich kann nur eine sog. Bruttoerfolgsrechnung als Basis dienen. Bei der Bruttoerfolgsrechnung werden auf der Ertragsseite die vollen Bruttoerträge und auf der Aufwandseite die ungekürzten Aufwendungen eingesetzt. Bei der Nettoerfolgsrechnung, die höchstens für externe Zwecke verwendet wird, werden miteinander in Beziehung stehende Aufwand- und Ertragsposten kompensiert und lediglich die entsprechenden Saldogrößen ausgewiesen.

6521 Die kurzfristige Erfolgsrechnung (KER)

Die KER ermittelt den Betriebserfolg einer Kurzperiode, z. B. eines Monats oder eines Quartals. Das Hauptproblem der KER ist die genaue zeitliche und sachliche Abgrenzung der Aufwände und Erträge.

Das nachstehende Schema zeigt eine KER, die nach dem Prinzip der Absatzerfolgsrechnung aufgebaut ist.

---

[48] vergl. Bürgi A., Repetitorium II, a. a. O., Seite 17 ff.

Herstellkosten Saldo: Bruttogewinn	Verkaufserlös
VV-GK Saldo: Betriebsgewinn	Bruttogewinn
Neutrale Aufwände Saldo: Unternehmungsgewinn	Betriebsgewinn Neutrale Erträge

6522 Die Absatzerfolgsrechnung

Wie bereits ihr Name aussagt, ist diese Erfolgsrechnung absatzbezogen. Sie stellt eine Abrechnung über die verkauften Leistungen dar, indem der Verkaufserlös dem absatzbezogenen Aufwand gegenübergestellt wird.

Das nachstehend aufgeführte Darstellungsbeispiel einer fünfstufigen Absatzerfolgsrechnung arbeitet mit den Größen der Finanz- und Betriebsbuchhaltung und schließt gleichzeitig den Kreis zwischen diesen beiden Gebieten des Rechnungswesens.

6522.1 Herkunft der Daten

Verkaufserlös	Finanzbuchhaltung
Kalk. HK verkaufte Produkte	Habenbuchungen im 1/1-Fabrikatekonto
VVGK	Kostenstelle VVGK
Über-/Unterdeckung	Fertigungskostenstellen Differenz eff./kalkulierte Kosten
Sachliche Abgrenzungen	Abgrenzungstabelle KA-Rechnung
Neutrale Aufwände und Erträge	Finanzbuchhaltung

6522.2 Schema einer fünfstufigen Absatzerfolgsrechnung

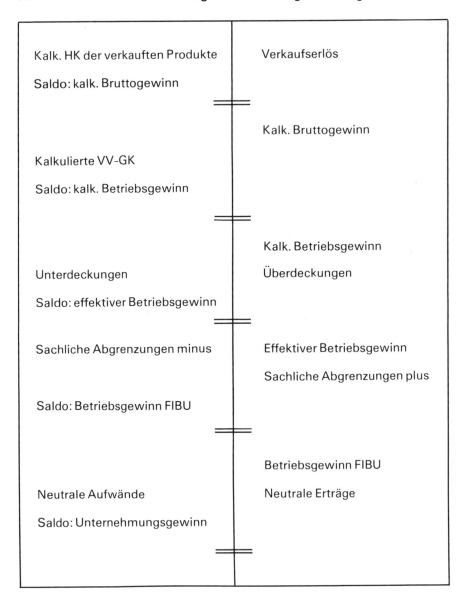

Die Absatzerfolgsrechnung wird sowohl im Handels- wie auch im Produktionsbetrieb angewandt.

6523 Die Produktionserfolgsrechnung

Sie stellt eine Abrechnung über die produzierten Leistungen dar, indem dem Ertrag der Produktion (Erlös +/– Bestandesänderungen) der Aufwand der Produktion gegenübergestellt wird.
Im Gegensatz zur Absatzerfolgsrechnung sind im Rahmen der Produktionserfolgsrechnung die Bestandesänderungen an Halb- und Fertigfabrikaten zu berücksichtigen. Die Produktionserfolgsrechnung wird in ausgesprochenen Produktionsbetrieben angewandt.

6523.1 Unterscheidungskriterien

Die Produktionserfolgsrechnung kann nach Kostenarten, Kostenstellen oder Kostenträgern aufgebaut sein. Die nach Kostenarten aufgebaute Produktionserfolgsrechnung wird allgemein als diejenige mit der größten Aussagekraft bezeichnet, weshalb sie in Produktionsbetrieben meistens zum Zweck der Analyse der Erfolgsrechnung beigezogen wird.

6523.2 Herkunft der Daten

Erlös	Finanzbuchhaltung
Kostenarten	Kostenartenrechnung unter Berücksichtigung der zeitlichen und sachlichen Abgrenzungen
BA/BZ 1/2-Fabrikate	Differenz auf KT 1/2 nach Verbuchung der Zugänge von HK und der Abgänge an 1/1
BA/BZ 1/1-Fabrikate	Differenz auf KT 1/1 nach Verbuchung der Zugänge von 1/2 und der Abgänge an Verkauf
Sachliche Abgrenzungen	Abgrenzungstabelle KA-Rechnung
Neutr. Aufw./Ertr.	Finanzbuchhaltung

6523.3 Schema einer vierstufigen Produktionserfolgsrechnung nach Kostenarten

Bei diesem Beispiel sind ebenfalls die Daten der Finanz- und Betriebsbuchhaltung integriert, und es wird aufgezeigt, wie die Interdependenzen zwischen diesen beiden Sparten des Rechnungswesens spielen.

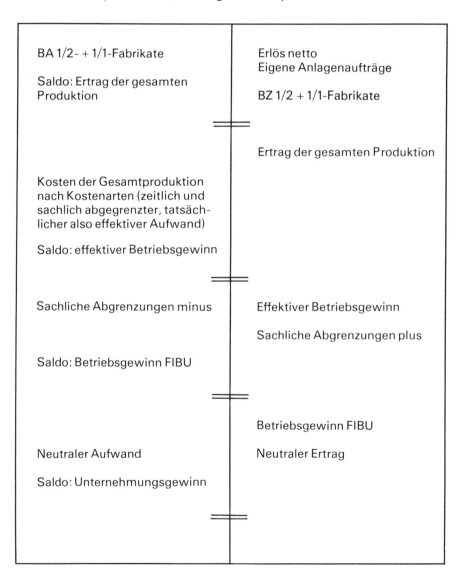

6523.4 Mehrstufige Erfolgsrechnung beim Direct Costing (DB-Rechnung)

Betriebsart	1. Stufe (Produkt)	2. Stufe (Produktegruppe)	3. Stufe (Unternehmung)

Handelsgeschäft	Nettoverkaufserlös
	− direkte Kosten
	   der verkauften
	   Produkte
	= Deckungsbeitrag
		Deckungsbeiträge
		− fixe Kosten
		= Nettoerfolg
			−

Fabrikation	Nettoverkaufserlös
	− direkte Herstell-
	   kosten
	= Deckungsbeitrag I
		Deckungsbeiträge I
		− direkte Vertriebs-
		   kosten
		= Deckungsbeitrag II
			Deckungsbeiträge II
			− fixe Kosten
			= Nettoerfolg

Luftfahrt	Verkehrsertrag
	− direkte Fluglinien-
	   kosten
	= Deckungsbeitrag I
		Deckungsbeiträge I
		− regionale Fix-
		   kosten
		= Deckungsbeitrag II
			Deckungsbeiträge II
			− Fixkosten des
			   Gesamtbetriebes
			= Nettoerfolg

653 Analyse der Aufwandstruktur

Das Beispiel einer bereinigten, zur Analyse geeigneten Erfolgsrechnung (in Form einer Produktionserfolgsrechnung) ist auf Seite 44 wiedergegeben. Dabei wurden die einzelnen Aufwandgruppen in %-Werten des Betriebsertrages ausgedrückt. Eine detaillierte Analyse wird noch weiter gehen und pro Aufwandposition den relativen Wert, bezogen auf den Nettoumsatz, ermitteln.

Der Sinn dieser %-Zahlen liegt im Vergleich mit früheren Rechnungsperioden oder mit Budgetwerten. Auch im zwischenbetrieblichen Vergleich können diese Zahlen wichtige Informationen liefern.

Auf Seite 121 ist als Beispiel die Analyse des Aufwandes einer Unternehmung und der kontinuierliche Vergleich mit den Vorjahreswerten wiedergegeben.

Die verschiedenen Aufwandgruppen lassen sich z. B. auch mit dem Gesamtumsatz oder mit den gesamten Aufwänden ins Verhältnis setzen und ergeben so wiederum Vergleichswerte mit den Resultaten früherer Perioden oder mit Budget-Werten. Dazu im folgenden einige Beispiele.

Materialaufwand in % der Gesamtkosten	$\dfrac{\text{Materialaufwand} \times 100}{\text{Gesamtkosten}}$
Personalkosten in % der Gesamtkosten	analog
übriger Aufwand in % der Gesamtkosten	analog
Materialaufwand in % vom Umsatz	$\dfrac{\text{Materialaufwand} \times 100}{\text{Umsatz}}$
Personalaufwand in % vom Umsatz	analog
übriger Aufwand in % vom Umsatz	analog
Gesamtkosten in % vom Umsatz	analog

Welche Kennzahlen im Rahmen der Analyse des Aufwandes schließlich ermittelt werden, muß betriebsindividuell den entsprechenden Bedürfnissen angepaßt werden.

Betriebsaufwand für das Gesamtunternehmen 19.5–19.8[49].

	19.5		19.6		Veränderung zum Vorjahr		19.7		Veränderung zum Vorjahr		19.8		Veränderung zum Vorjahr	
	Fr.	%	Fr.	%	Fr.	%	Fr.	%	Fr.	%	Fr.	%	Fr.	%
Personalaufwand	181 095	73,7	191 650	72,9	10 555	5,8	187 700	71,7	−3 950	− 2,1	202 340	69,4	14 640	7,8
Unterhalt und Reparaturen	2 555	1,0	5 070	1,9	2 515	98,4	1 980	0,8	−3 090	−60,9	1 340	0,5	− 640	−32,3
Versicherungsprämien und Gebühren	6 540	2,7	6 730	2,6	190	2,9	7 115	2,7	385	5,7	7 490	2,6	375	5,3
Strom und Betriebsmaterial	8 335	3,4	9 720	3,7	1 385	16,6	9 640	3,7	− 80	− 0,8	11 050	3,8	1 410	14,6
Büro- und Verwaltungsspesen	4 985	2,0	8 030	3,1	3 045	61,1	9 500	3,6	1 470	18,3	13 160	4,5	3 660	38,5
Werbung	20 695	8,4	25 335	9,6	4 640	22,4	20 510	7,8	−4 825	−19,0	35 900	12,3	15 390	75,0
Sonstiger Betriebsaufwand	−23 640	− 9,6	−27 810	−10,6	−4 170	−17,6	−17 750	− 6,8	10 060	36,2	−22 320	− 7,7	−4 570	−25,7
Steuern	3 700	1,5	3 700	1,4	—	—	3 500	1,3	− 200	− 5,4	3 930	1,3	430	12,3
Kalk. Zinsen	25 940	10,6	25 730	9,8	− 210	− 0,8	24 860	9,5	− 870	− 3,4	25 660	8,8	800	3,2
Kalk. Abschreibungen	15 560	6,3	14 600	5,6	− 960	− 6,2	14 740	5,7	140	1,0	13 070	4,5	−1 670	−11,3
Total	245 765	100,0	262 755	100,0	16 990	6,9	261 795	100,0	− 960	− 0,4	291 620	100,0	29 825	11,4

[49] Bienz P., Bilanzinterpretation, Zürich, 1975, Heft V/7 AKAD, Seite 53

Diese Verhältniszahlen können beliebig erweitert oder speziell auf einzelne Aufwandpositionen bezogen werden, was im folgenden anhand des Beispiels der Abschreibungen noch näher dargestellt ist:

Abschreibungen in % der Restwerte des Vorjahres
Abschreibungen in % des Neuwertes
Abschreibungen pro Fertigungsstunde
Restwerte Ende Jahr in % des Neuwertes
Bilanzmäßiger Restwert in % des kalkulatorischen Restwertes
Kalkulatorischer Restwert in % des bilanzmäßigen Restwertes

Die Berechnung kann sowohl für die kalkulatorischen als auch für die bilanzmäßigen Abschreibungen erfolgen.

654 Analyse der Ertragsstruktur

Die Analyse des Ertrages befaßt sich in erster Linie mit den beiden Größen «Umsatz» und «Bestandesänderungen». Bei der Analyse des Ertrages wird z. B. die Entwicklung pro Produktegruppe oder pro Artikel näher analysiert. Neben der Analyse der Struktur des Ertrages werden auch die Beziehungen des Ertrages zu den übrigen wichtigen Betriebsgrößen ermittelt:

- Ertrag im Verhältnis zum Gesamtkapital
- Ertrag im Verhältnis zum Eigenkapital
- Ertrag pro Arbeitskraft
- Gewinn in % des Ertrages
- Gewinn in % vom Umsatz
- Umsatz pro Beschäftigten
- Umsatz je produktive Stunden
- Wertschöpfung pro Beschäftigten $= \dfrac{\text{Umsatz ./. Material}}{\text{Beschäftigtenzahl}}$
- Wertschöpfung je produktive Stunde $= \dfrac{\text{Umsatz ./. Material}}{\text{produktive Stunden}}$

Auch hier gilt der Grundsatz, daß sich der Umfang der Kennzahlen nach den betriebsindividuellen Informationsbedürfnissen zu richten hat.

Die Analyse der Ertragsstruktur ist eng mit dem Gebiet der Umsatzstatistik verbunden. Dazu sei ergänzend ein Beispiel der Analyse der Auftragsstruktur einer Unternehmung aufgeführt. Das dazu verwendete Hilfsmittel der graphischen Darstellung kann im Gebiet der Analyse von Kennzahlen generell als übersichtliches und leicht verständliches Darstellungsmittel angewandt werden. Es würde jedoch den Rahmen dieser Ausführungen sprengen, darauf detailliert einzutreten. Es wird deshalb auf die zahlreiche Literatur zur Betriebsstatistik verwiesen.

655 Analyse der Auftragsstruktur

In einer Unternehmung wurde folgende Verteilung der Kundenaufträge festgestellt:

Auftragsgruppen	Kundenaufträge in % kumuliert	
	Anzahl	Umsatz
bis 100 Franken	40	5
über 100 bis 1 000 Franken	70	20
über 1 000 bis 5 000 Franken	85	35
über 5 000 bis 10 000 Franken	95	85
über 10 000 Franken	100	100

Mit Hilfe einer sog. Lorenz-Kurve wird nun diese Struktur näher untersucht:

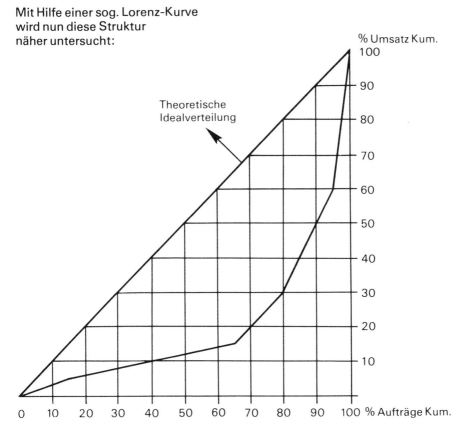

Kommentar:

Die Aufträge mit einer Auftragssumme bis 1000 Franken machen 70% der Auftragsmenge und 20% des Umsatzes aus (Gesetz 80:20 nahezu erreicht, d. h. effektives Resultat um 10% günstiger). 95% der Auftragszahl decken ein Umsatzvolumen von 85% ab.

Der Großteil der Aufträge erarbeitet über Fr. 1000 bis Fr. 10000 Umsatz pro Auftrag.

656 ISO-DB-Kurven

Der Begriff der Isolinien stammt aus dem Griechischen. Man versteht darunter Linien, durch die Punkte mit gleichen Werten verbunden werden. Daraus abgeleitet beinhaltet eine ISO-Deckungsbeitrags-Kurve verschiedene Varianten von Preis- und Absatzmengenmöglichkeiten, die alle den gleichen Deckungsbeitrag ergeben. In diesem Sinne ist eine ISO-DB-Kurve ein übersichtliches Instrument zur Darstellung von Plandaten im Absatzbereich.

Dem folgenden Beispiel liegen die Zahlen der Tabelle 1 zugrunde.

Verkaufspreis je Stück	8.–	9.–	10.–	12.–	14.–
Deckungsbeitrag (DB) je Stück	2.–	3.–	4.–	6.–	8.–
Totaler Plan-DB gemäß Budget je Rechnungsperiode	2000	2000	2000	2000	2000
Erforderliche Absatzmenge zur Erreichung des Plan-DB in Stück	1000	667	500	333	250

Tabelle 1: Zahlenmäßige Grundlagen der ISO-DB-Kurve in Abb. 1

In *Abb. 1* ist die entsprechende ISO-DB-Kurve festgehalten. Jeder Punkt auf dieser Kurve repräsentiert eine Preis/Mengen-Kombination, die den Ziel-DB von Fr. 2000.– je Rechnungsperiode ergibt. Die in der obigen Tabelle enthaltenen Preis/Mengen-Varianten sind in der Graphik gestrichelt wiedergegeben.

Unser Beispiel enthält eine *mögliche* ISO-DB-Kurve. Selbstverständlich ist eine Vielzahl solcher DB-Ziele und somit auch eine Vielzahl entsprechender ISO-DB-Kurven denkbar. Je weiter sich eine solche Kurve in der Graphik nach rechts außen verschiebt, umso höher ist das gewählte DB-Ziel.

Deyhle bezeichnet die ISO-Deckungsbeitrags-Kurven als Werkzeug der dynamischen Preiskalkulation. Damit besteht die Möglichkeit, dem Verkauf nicht zum voraus einen festen Preis kalkulatorisch vorzugeben. Vielmehr setzt der Kalkulator ein Ziel in Form des budgetierten Gesamtdeckungsbeitrages. Die Preisentscheidung selbst liegt nun beim Verkauf, der aufgrund der ISO-DB-Kurve die Preisentscheidung fällt.

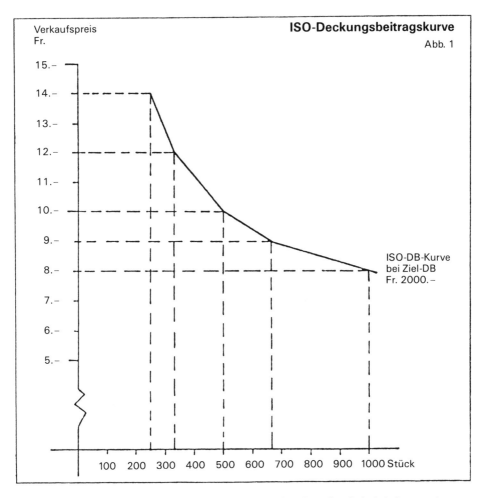

Allerdings kann diese Preisentscheidung nicht ohne Berücksichtigung des Gesetzes von Angebot und Nachfrage erfolgen. Bekanntlich wird zu einem bestimmten Preis eine bestimmte Menge eines Produktes nachgefragt. Bei niedrigeren Preisen wird sich unter normalen Verhältnissen die Absatzmenge steigern. Je höher der Preis klettert, umso mehr geht die Nachfrage zurück, weil sich die potentiellen Käufer Konkurrenz- oder Substitutionsprodukten zuwenden.

Die Ermittlung der Nachfragekurve erfolgt im Rahmen der Planung mit Hilfe der Marktforschung. Bei der Preisstellung für bereits vertriebene Produkte werden dabei meistens gewisse Erfahrungswerte vorliegen, während bei neuen Produkten die üblichen Methoden der Marktforschung wie Field Research (Interview usw., d.h. Primärforschung) und/oder Desk Research (Auswertung

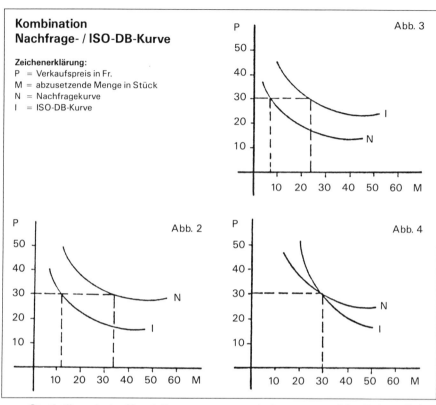

von Statistiken betreffend Konsumentenverhalten usw., d.h. Sekundärforschung) zur Anwendung gelangen.

Die obigen Darstellungen zeigen drei Beispiele des Einbezuges der Nachfragekurve und die daraus zu ziehenden Konsequenzen.

Aus der *Abb. 2* ist ersichtlich, daß bei einem Preis von 30 eine Nachfrage nach 33 Stück besteht. Nachdem die ISO-DB-Kurve im vorliegenden Fall den Deckungsbeitrag zur Erreichung des Nutzschwellenumsatzes angibt, ersehen wir aus der Graphik, daß bereits bei einer Menge von 12 Stück die Gewinnzone erreicht wird. Somit stellt bei dieser Preis/Nachfrage-Kombination eine abgesetzte Menge zwischen 12 und 33 Stück die Gewinnzone dar.

Abb. 3 zeigt das gegenteilige Bild. Bei einem Preis von 30 herrscht lediglich eine Nachfrage nach 8 Stück. Dagegen wäre zur Erreichung des Nutzschwellenumsatzes ein Absatz von 24 Stück erforderlich. Bei dieser Preis/Nachfrage-Kombination ergibt sich somit zwischen 8 und 24 Stück eine Verlustzone.

In *Abb. 4* schneiden sich die Nachfrage- und die ISO-DB-Kurve bei einer Menge von 30 Stück. Um einen kostendeckenden Absatz zu erzielen, muß hier ein Verkaufspreis von 30 pro Stück realisiert werden.

Bei der Lancierung neuer Artikel dient eine ISO-DB-Kurve mit Einbezug der Nachfragekurve besonders der übersichtlichen Darstellung der verschiedenen Varianten der Preisstellung. Dabei eignet sich die Anwendung in besonderer Weise z.B. in Handelsunternehmen zur Planung von sogenannten Aktionspreisen. Ziel ist die Bestimmung des Nutzschwellenumsatzes unter Berücksichtigung der vom Markt noch aufzunehmenden Absatzmenge zu einem Aktionspreis, der eine vorgegebene Rendite gewährleistet.

Beispiel:
Ein Handelsunternehmen plant eine Aktion bei größeren Firmen zum Verkauf eines Taschenfeuerzeuges, welches als Werbegeschenk für die Kundschaft gedacht ist. Es stehen Kosten/Preis-Varianten gemäß Tabelle 2 zur Diskussion:

Variante	A	B	C	D	E
	(in 1000 Franken)				
Fixe Kosten[1]	50	200	250	360	420
Budgetierter Gewinn[2]	50	50	50	50	50
Total	100	250	300	410	470
Verkaufspreis je Stück	5.—	4.50	4.—	3.50	3.—
Variable Kosten[3]	−.55	−.50	−.45	−.40	−.35
Deckungsbeitrag je Stück	4.45	4.—	3.55	3.10	2.65
Nutzschwellenumsatz/Stück	22472	62500	84507	132258	177358
Nachfrage/Stück[4]	10000	40000	120000	180000	200000

[1] Die Differenzen in den Fixkosten sind auf die verschiedenen Werbemaßnahmen zurückzuführen.
[2] Als Planvorgabe wird verlangt, daß jede Variante mindestens einen Gewinn von Fr. 50000.− erbringt. Der Nutzschwellenumsatz wird daher auf die fixen Kosten zuzüglich dieses budgetierten Gewinns bezogen.
[3] Die Unterschiede in den variablen Kosten basieren je nach Preiskategorie vorwiegend auf den verschiedenen Aktionsrabatten.
[4] Die aufgeführten Nachfragemengen wurden aufgrund der Absatzplanung mit Hilfe der Marktforschung ermittelt.

Tabelle 2: Kosten/Preis-Varianten zur Festlegung des Aktionspreises

Die obigen Werte sind in der Graphik *Abb. 5* übertragen. Die Varianten A und B erfüllen die gestellten Voraussetzungen nicht, da sie aufgrund der Nachfragekurve nicht den erforderlichen Umsatz zur Abdeckung der Fixkosten und des budgetierten Gewinns erbringen.
Dagegen erreichen die Varianten C, D und E die vorgegebenen Soll-Werte:

	Nachfrage/Stück	Nutzschwellenumsatz/Stück	Differenz
Variante C	120000	84507	+35493
Variante D	180000	132258	+47742
Variante E	200000	177358	+22642

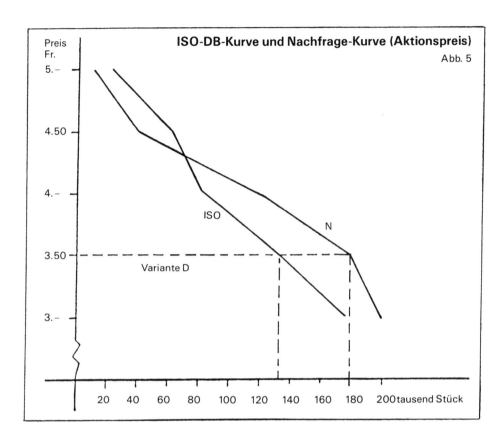

Die Aufstellung auf Seite 127 bestätigt weiter die bereits aus der Graphik ersichtliche Feststellung, daß die Variante D das günstigste Ergebnis erbringt. Gemäß Nachfragekurve können bei D 180 000 Stück abgesetzt werden. Zur Erreichung der geforderten Nutzschwelle (fixe Kosten plus Gewinn) sind jedoch nur 132 258 Stück erforderlich. Die Differenz von 47 742 Stück ergibt einen zusätzlichen Gewinn. Auf der Graphik in *Abb. 5* ist dies durch die gestrichelte Linie zwischen der ISO-DB-Kurve und der Nachfragekurve sichtbar.

ISO-DB-Kurven können auch als Hilfsmittel der Führung für die Mitarbeiter im Außendienst verwendet werden. Im Rahmen des Management by objectives werden für einzelne Produkte oder Produktegruppen Absatzziele in Form von budgetierten Absatzmengen bei einem bestimmten Deckungsbeitrag vorgegeben. Um einerseits die Auswirkungen von Preisdifferenzen (z.B. Rabatte, Angebote usw.), die sich im Deckungsbeitrag niederschlagen, und anderseits die Abweichung von geplanten Absatzmengen dem Mitarbeiter im Außendienst aufzuzeigen, kann die in *Abb. 6* wiedergegebene Graphik beigezogen werden.

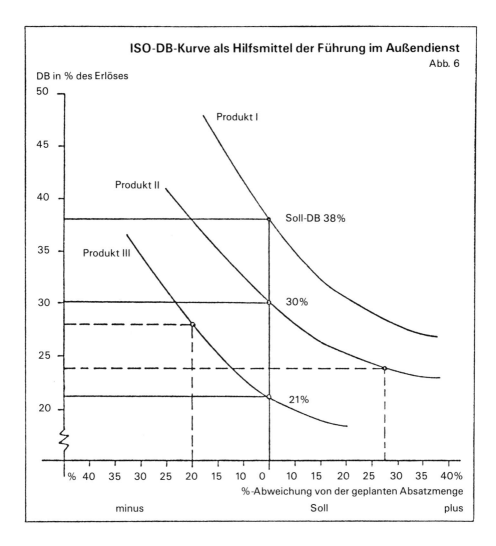

Auf der Ordinate werden die Deckungsbeiträge in Prozenten des Erlöses angegeben. Die Abszisse gibt die Abweichungen (plus und minus) in Prozenten der geplanten Absatzmenge (Soll-Wert = Budget) wieder. Für die einzelnen Produkte oder Produktegruppen werden nun die entsprechenden ISO-Kurven eingezeichnet. In unserem Beispiel ergeben sich für die drei aufgeführten Produkte folgende Plan-DB:
- Produkt I   38% des Erlöses
- Produkt II   30% des Erlöses
- Produkt III   21% des Erlöses

Zeigt sich im Falle des Produktes III, daß die geplante Absatzmenge um 20% unterschritten wird, so wäre zur Erreichung des Budgetzieles eine Erhöhung des Deckungsbeitrages von 21% auf 28% erforderlich.

Ein Absinken des budgetierten Deckungsbeitrages des Produktes II von 30% auf 24% würde bedeuten, daß eine Absatzsteigerung von 27% gegenüber dem Budget realisiert werden müßte.

Mit Hilfe dieser einfachen Darstellung kann die Break-even-Zielsetzung der gesamten Unternehmung in einzelne Teilziele bei den verschiedenen Produkten- bzw. Produktegruppen unterteilt werden.

Jeder Verkaufsmitarbeiter hat in seinem Bereich eine permanente Soll/Ist-Kontrolle. Ist er in bestimmten Fällen gezwungen, links hinter die ISO-Kurve zurückzugehen, so weiß er, daß bei den weitern Aufträgen irgendwo die Kurve nach rechts überschritten werden muß, um schließlich doch sein Budgetziel zu erreichen.

Deyhle bezeichnet denn auch die ISO-Deckungsbeitrags-Kurve als Schrittmacher für die Planung und die Führung im Team sowie als wesentliches Werkzeug für die Erfüllung der Funktion des Controllers, Planverkäufer zu sein.

657 Der Cash Flow

Unter dem Cash Flow versteht man den Mittelzufluß durch wirtschaftlichen Umsatz der Unternehmung. Er kann nach verschiedenen Methoden errechnet werden:

- *Direkte Methode*
  Liquiditätswirksame Erträge − liquiditätswirksame Aufwände
  = CASH FLOW

- *Indirekte Methode*
  - aufgrund bereinigter Werte:
    Tatsächlicher Betriebserfolg
    + Abschreibungen
    + Rückstellungen
    = CASH FLOW

  - aufgrund der offiziellen Jahresrechnung:
    Unternehmungserfolg
    + Rücklagenerhöhung
    − Rücklagenauflösung
    + Erhöhung Rückstellungen
    − Auflösung Rückstellungen
    + a.o. (neutrale) Aufwände
    − a.o. (neutrale) Erträge
    = CASH FLOW

Im Gegensatz zum Reingewinn, welcher durch die Reservebildung und die Abschreibungspolitik beeinflußt ist, ist der Cash Flow ein zuverlässiger Maßstab zur Beurteilung der Ertrags- und Selbstfinanzierungskraft einer Unternehmung, weil die Veränderungen der stillen Reserven berücksichtigt werden und so die im Unternehmen effektiv erarbeiteten Mittel (auch Finanzierungsüberschuß genannt) resultieren.

Der Cash Flow bezeichnet also jenen Teil der Einnahmen einer Unternehmung, der nach Abzug der Ausgaben für die Finanzierung von Investitionen oder für die Tilgung von Schulden übrigbleibt. Man spricht in diesem Zusammenhang auch von den im Betrieb erarbeiteten Mitteln, die als Maßstab für die Beurteilung der Ertragsentwicklung und der Wachstumsmöglichkeiten einer Unternehmung dienen. Der Cash Flow erlaubt eine Selbstfinanzierung der Unternehmung. Er zeigt an, in welchem Umfange Neuinvestitionen getätigt werden können, ohne daß zusätzliches Fremdkapital beansprucht werden muß.

Vermehrte Bedeutung hat der Cash Flow im Rahmen der Kapitalflußrechnung (oft auch als dritte Jahresrechnung bezeichnet) erlangt. Als internes finanzwirtschaftliches Führungs- und Kontrollinstrument gibt der Cash Flow Auskunft darüber, wie groß die durch die betriebliche Leistungserstellung bewirkte Zunahme des Fonds «Nettoumlaufvermögen» (siehe Seite 58) ist[50].

Die bekanntesten Beziehungszahlen zum Cash Flow sind:

Verschuldungsfaktor

Formel: $\dfrac{\text{Effektivverschuldung}}{\text{Cash Flow}}$

Die Effektivverschuldung wird ermittelt, indem man vom gesamten Fremdkapital die flüssigen Mittel sowie die kurzfristigen Forderungen in Abzug bringt.

Der Verschuldungsfaktor zeigt an, wie oft der Cash Flow erarbeitet werden müßte, um die Effektivverschuldung abzudecken.

Der Verschuldungsfaktor bezieht auch die Ertragslage in die Betrachtungen zur Verschuldungsgrenze ein. Er ist deshalb aussagekräftiger als die rein statisch ermittelten Kennzahlen bezüglich des Verhältnisses zwischen Fremd- und Eigenkapital sowie der Anlagendeckung[51].

Cash-Flow-Grad[52]

Formel: $\dfrac{\text{Cash Flow} \times 100}{\text{Umsatz}} = \%$

Diese Kennzahl enthält den prozentualen Anteil des Umsatzes, der als Finanzierungspotential zur Verfügung steht, um künftige Investitionen selbst zu finanzieren.

---

[50] Boemle M., a. a. O., Seite 75
[51] Boemle M., a. a. O., Seite 86
[52] Hunziker/Scheerer, a. a. O., Seite 377

658 Die Wertschöpfung

Ausgangspunkt für die Wertschöpfung ist die Gesamtleistung einer Unternehmung, von der die Vorleistungen, d.h. die von andern Unternehmen bezogenen Güter und Dienstleistungen, abgezogen werden.

Formel: Wertschöpfung = Gesamtleistung ./. Vorleistungen

oder detaillierter z.B.

  Gesamtleistung
  − Materialaufwand
  − Abschreibungen auf Sachanlagen
  − sonstige Aufwendungen (z.B. für Dienstleistungen)
  = Wertschöpfung

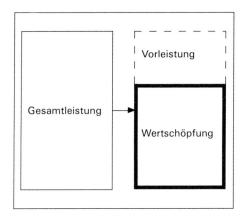

Die Wertschöpfung stellt also den Wert dar, den das Unternehmen in der entsprechenden Rechnungsperiode selbst erarbeitet hat. Diese Wertschöpfung wird wie folgt verwendet:
− zur Zahlung von Löhnen und Gehältern an die Mitarbeiter
− zur Zahlung von Steuern und Abgaben an den Staat
− zur Verzinsung des Fremdkapitals
− zur Ausschüttung von Gewinnanteilen an die Eigenkapitalgeber
− zur Thesaurierung von Gewinnen in der Unternehmung selbst
  (Nichtausschütten von Gewinnanteilen)

Die Wertschöpfung kann auch pro Beschäftigten ermittelt werden:

Formel: $\dfrac{\text{Wertschöpfung}}{\text{Beschäftigte Personen}}$

7
Formelsammlung der besprochenen Kennzahlen

In diesem Kapitel sind die vorgängig besprochenen Kennzahlen in einer Formelsammlung zusammengefaßt. Sie hat den Zweck eines Nachschlagewerkes, ohne dabei einen Anspruch auf Vollständigkeit zu erheben. Sie soll vielmehr dem Praktiker dazu dienen, daraus ein betriebsindividuelles Kennzahlengerüst zu erarbeiten.

In der Kolonne «*Kennzahl*» ist die Bezeichnung der entsprechenden Kennzahl festgehalten.

Die Kolonne «*Formel*» gibt die Berechnungsart an.

Die Kolonne «*Kommentar/Synonym*» gibt ergänzende Hinweise zur Berechnung sowie synonyme Bezeichnungen für die einzelnen Kennzahlen wieder.

Kennzahl	Formel	Kommentar/Synonym
71 Kennzahlen aus der Bilanz		
711 Investierung		
1. Investierungsverhältnis	Umlaufvermögen und Anlagevermögen in Prozenten des Gesamtvermögens	Oft auch: $\frac{AV}{UV}$ siehe 3.
2. Immobilisierungsgrad	$\frac{\text{Anlagevermögen} \times 100}{\text{Gesamtvermögen}}$	Die Begriffe 1 und 2 werden oft wechselseitig verwendet
3. Anlageintensität	$\frac{\text{Anlagevermögen} \times 100}{\text{Umlaufvermögen}}$	
4. Sachanlagen je Beschäftigten	$\frac{\text{Sachanlagen}}{\text{Ø Zahl der Beschäftigten}}$	
5. Gesamtes Anlagevermögen je Beschäftigten	$\frac{\text{Gesamtes Anlagevermögen}}{\text{Ø Zahl der Beschäftigten}}$	
712 Finanzierung		
1. Finanzierungsverhältnis	Fremdkapital und Eigenkapital in Prozenten des Gesamtkapitals	
2. Selbstfinanzierungsgrad	$\frac{(\text{Reserven} + \text{Gewinnvortrag}) \times 100}{\text{Grundkapital}}$	Reserven und Gewinnvortrag werden auch als *Zuwachskapital* bezeichnet.
3. Anspannungskoeffizient	$\frac{\text{Fremdkapital} \times 100}{\text{Eigenkapital}}$	Sofern nicht in % ausgedrückt, lediglich $\frac{FK}{EK}$
4. Grad der langfristigen Finanzierung	$\frac{\text{Langfristiges Kapital} \times 100}{\text{Gesamtkapital}}$	

Kennzahl	Formel	Kommentar/Synonym
713 Deckungsgrad Anlagen		
1. Nettoumlaufvermögen	Umlaufvermögen ./. kurzfristiges Fremdkapital	*Net Working Capital* auch oft als Anlagen-Überdeckung durch EK und langfristiges FK bezeichnet.
2. Anlagedeckungsgrad I	$\dfrac{\text{Eigenkapital} \times 100}{\text{Anlagevermögen}}$	
3. Anlagedeckungsgrad II	$\dfrac{(\text{EK} + \text{langfristiges FK}) \times 100}{\text{Anlagevermögen}}$ Alternativberechnung: Anlagevermögen ./. Eigenkapital = Anlagedeckung I ./. langfristiges FK = Anlagedeckung II Anlagedeckung oft auch vereinfacht: $\dfrac{\text{Eigenkapital}}{\text{Anlagevermögen}}$	
4. Deckungsgrad allgemein	$\dfrac{\text{Eigenkapital} + \text{langfristiges FK}}{\text{Anlagevermögen}}$	Wird oft synonym mit dem *Liquiditätsgrad* verwendet.

Kennzahl	Formel	Kommentar/Synonym
714 Liquidität		
1. Liquidität 1. Grades	$\dfrac{\text{Zahlungsmittel}}{\text{Kurzfristige Verbindlichkeiten}}$	auch *Grad der Zahlungsbereitschaft, Kassenliquidität, Barliquidität*
2. Liquidität 2. Grades	$\dfrac{\text{(Zahlungsmittel + Forderungen)}}{\text{Kurzfristige Verbindlichkeiten}}$	auch *Quick Ratio / Acid Test*
3. Liquidität 3. Grades	$\dfrac{\text{Umlaufvermögen}}{\text{Kurzfristige Verbindlichkeiten}}$	auch *Current Ratio*
715 Debitoren/Kreditoren/Lager		
1. Umschlagshäufigkeit	$\dfrac{\text{Umsatz*)}}{\varnothing \text{ Bestand**)}}$	*) Fakturierter Kreditumsatz der Debitoren resp. Kreditoren
2. ⌀ Ziel	$\dfrac{360 \text{ Tage}}{\text{Umschlagshäufigkeit}}$	**) Ermittlung ⌀ Bestände: $\dfrac{AB + EB}{2}$
3. SOLL-Bestand	$\dfrac{\text{Umsatz*)} \times \text{Normzahlungsfrist}}{360}$	
4. Norm-Abweichung	$\begin{array}{l}\varnothing \text{IST-Bestand**)} \\ ./. \text{ SOLL-Bestand**)} \\ = \text{Abweichung +/-}\end{array}$	– gleitende ⌀
5. %-Abweichung	$\dfrac{\text{Abweichung} \times 100}{\varnothing \text{IST-Bestand}}$	

Kennzahl	Formel	Kommentar/Synonym
716 *Beschaffung / Lagerung*		
1. Lagerumschlag	$\dfrac{\text{Lagerabgänge}}{\varnothing\,\text{Lagerbestand}}$	Rohmaterial = $\dfrac{\text{Materialverbrauch}}{\varnothing\,\text{Materialbestand}}$ 1/1 Fabrikate = $\dfrac{\text{HK verkaufte 1/1}}{\varnothing\,\text{Bestand 1/1 zu HK}}$
2. Lagerumschlag (12-Monats-$\varnothing$)	$\dfrac{\text{Abgang } 1+2+3\ldots\ldots 12}{\text{Bestand } 1+2+\ldots\ldots 12}$	
3. Anzustrebender Lagerumschlag zur Bestimmung der oberen Bestandesgrenzen	$\dfrac{\text{Jahresbedarfsmenge}}{\varnothing\,\text{Bestand} + S}$	S = Sicherheitsbestand
4. $\varnothing$ Lagerbestand	$\dfrac{AB+EB}{2}$ $\dfrac{1/2\,AB + 11\,\text{Monatsbestände} + 1/2\,EB}{12}$	AB = Anfangsbestand EB = Endbestand
5. $\varnothing$ Lagerdauer	$\dfrac{360}{\text{Lagerumschlag}}$	direkte Berechnung: $\dfrac{360 \times \varnothing\,\text{Lagerbestand}}{\text{EP des Umsatzes}}$
6. %-Abweichung	$\dfrac{\text{Abweichung} \times 100}{\varnothing\,\text{IST-Bestand}}$	
7. Lieferbereitschaft	$\dfrac{\text{Ab Lager erfüllte Bestellungen} \times 100}{\text{Eingegangene Bestellungen}}$	

Kennzahl	Formel	Kommentar/Synonym
72 Kennzahlen aus dem betrieblichen Leistungsprozeß		
721 Rentabilität		

1. Rentabilität (allgemein)	$\dfrac{\text{Erfolg} \times 100}{\text{Kapital}}$	*1) bilanzm. Untern.-Erfolg
		  + neutraler Verlust
		  − neutraler Gewinn
		  = ausgewiesener Betr.-Erfolg
		  + Zunahme stiller Reserven
		  − Abnahme stiller Reserven
		  = tatsächlicher Erfolg
		  + verbuchter EK-Zins
		  = Erfolg zugunsten EK

2. Betriebskapital-Rentabilität	$\dfrac{\text{Betriebserfolg} \times 100}{\text{Betriebskapital (Betriebsvermögen)}}$	
3. Eigenkapital-Rentabilität	$\dfrac{\text{Erfolg zugunsten EK *1)} \times 100}{\text{Eigenkapital}}$	

4. Unternehmungskapital-Rentabilität	$\dfrac{\text{Erfolg zugunsten Gesamtkapital *2)} \times 100}{\text{Unternehmungskapital}}$	auch *Gesamtkapital*
		*2) tatsächlicher Erfolg
		  + verbuchter FK-/EK-Zins
		  = Erfolg zugunsten GK

5. Erfolgskoeffizient	$\dfrac{\text{Erfolg} \times 100}{\text{Umsatz}}$	
6. Zinskoeffizient	$\dfrac{\text{EK-/FK-Zins *3)} \times 100}{\text{Umsatz}}$	*3) evtl. nur EK- oder FK-Zins je nachgesuchtem Ergebnis
7. Kapitalumschlag	$\dfrac{\text{Umsatz}}{\text{Kapital}}$	
8. Rendite Gesamtkapital	$\left(\underbrace{\dfrac{\text{Erfolg}}{\text{Umsatz}}}_{\substack{\text{Erfolgs-}\\\text{koeffi-}\\\text{zient}}} + \underbrace{\dfrac{\text{EK-/+FK-Zins}}{\text{Umsatz}}}_{\substack{\text{Zins-}\\\text{koeffizient}}}\right) \times \underbrace{\dfrac{\text{Umsatz}}{\text{Kapital}}}_{\substack{\text{Kapital-}\\\text{um-}\\\text{schlag}}}$	auch *Kapitalrentabilität* anstelle von *Umsatz* wird oft auch *Ertrag* gesetzt

Kennzahl	Formel				Kommentar/Synonym
9. Berechnung von Betriebskapital/ Gesamtkapital *4)			1.1./31.12.		
	Bilanzsumme		x	x	*4) bei der Berechnung des Gesamt- oder Unternehmungskapitals werden die betriebsfremden Komponenten mit einbezogen
	./. betriebsfremdes Vermögen		x	x	
	+ stille Reserven		x	x	
	= betriebstätiges Vermögen		x	x	
	./. Ø Betriebskapital			x	
	./. Ø FK (gemäß Bilanz)			x	
	= Ø EK			x	*1) kann für alle Kapitalien (FK/EK/GK) errechnet werden
10. Differential-Rentabilität direkte Methode	tatsächlicher Erfolg × 100 / Kapital *1)				
	Vollrentabilität				*2) je nach gesuchten Wert EK/FK-Zinssatz
indirekte Methode	− Ø Zinssatz des Kapitals *2)				Formel: $\frac{\text{Zins} \times 100}{\text{Kapital}}$
	= Differentialrentabilität				
11. Rentabilitätsanalyse Berechnung der Veränderungen		19.1	19.2	+/−	
	Kapitalumschlag	x	x	x	
	Erfolgskoeffizient	x	x	x	
	Rentabilität	x	x	x	
Einfluß Erfolgskoeffizient	(Erfolgskoeffizient des Berichtsjahres)				oder:
	× Kapitalumschlag des Vorjahres				Veränderung Erfolgskoeffizient × Kapitalumschlag Vorjahr
	./. Rentabilität des Vorjahres				
Einfluß Kapitalumschlag	(Erfolgskoeffizient des Berichtsjahres × Umschlag Vorjahr)				oder:
	./. Einfluß Erfolgskoeffizient				Veränderung Umschlag × Erfolgskoeffizient Berichtsjahr
Gesamtveränderung	+/− Einfluß des Kapitalumschlages				
	= Gesamtveränderung				

Kennzahl	Formel	Kommentar/Synonym
722 *Return on investment*		
1. Return on investment	Umsatzrentabilität × Kapitalumschlag	Anwendung z. B. im Rahmen des *Du-Pont*-Systems (aber auch bei Investitionsrechnungen)
2. Umsatzrentabilität	$\dfrac{\text{Erfolg}}{\text{Umsatz}}$	
3. Kapitalumschlag	$\dfrac{\text{Umsatz}}{\text{Kapital}}$	

Kennzahl	Formel	Kommentar/Synonym
723 *Produktivität*		
1. Gesamtproduktivität	$\dfrac{\text{Leistungsergebnis *1)}}{\text{Leistungseinsatz *2)}}$	*3) Kapazität = latentes Leistungsvermögen eines Betriebes Beispiel: Anzahl Arbeitsplätze × Anzahl Schichten × Wochen (ohne Absenzen) × Wochenstunden
2. Teilproduktivitäten Materialproduktivität	$\dfrac{\text{Leistungsergebnis}}{\text{Materialeinsatz}}$	
Arbeitsproduktivität	$\dfrac{\text{Leistungsergebnis}}{\text{Arbeitseinsatz}}$	auch *Leistungsintensität*
3. Leistungsergiebigkeit	$\dfrac{\text{IST-Leistungsergebnis}}{\text{IST-Leistungseinsatz}}$	*1) m, t, l, Stück, m² usw. *2) h, Mh, Bettenzahl usw.
4. Beschäftigungsgrad	$\dfrac{\text{IST-Leistungseinsatz} \times 100}{\text{Kapazität *3)}}$	auch *Intensitätsgrad*
5. Ergiebigkeitsgrad	$\dfrac{\text{IST-Leistungsergiebigkeit} \times 100}{\text{SOLL-Leistungsergiebigkeit}}$	
6. Produktionsgrad	$\dfrac{\text{IST-Leistungsergebnis}}{\text{SOLL-Leistungsergebnis}} = \dfrac{\text{IST-Leistungseinsatz}}{\text{SOLL-Leistungseinsatz (Kapazität)}} \times \dfrac{\text{IST-Leistungsergiebigkeit}}{\text{SOLL-Leistungsergiebigkeit}}$	

$$\boxed{\text{Produktionsgrad} \;=\; \text{Beschäftigungsgrad} \;\times\; \text{Ergiebigkeitsgrad}}$$

Kennzahl	Formel	Kommentar/Synonym
724 *Wirtschaftlichkeit*		
1. Wirtschaftlichkeit	$\dfrac{\text{Ertrag}}{\text{Aufwand}}$	
2. Betriebskoeffizient	$\dfrac{\text{IST-Ertrag}}{\text{IST-Aufwand}}$	
3. Aufwandsnorm	$\dfrac{\text{SOLL-Aufwand}}{\text{IST-Ertrag}}$ *1)	*1) Eff. Nettoertrag − erwartete R des Kapitals = SOLL-Aufwand
4. Ertragsnorm	$\dfrac{\text{SOLL-Ertrag}}{\text{IST-Aufwand}}$ *2)	*2) IST-Aufwand + erwartete R des Kapitals = SOLL-Ertrag
5. Wirtschaftlichkeitsgrad mit Aufwandsnorm	$\dfrac{\text{Betriebskoeffizient} \times 100}{\text{Aufwandsnorm}}$	
6. Wirtschaftlichkeitsgrad mit Ertragsnorm	$\dfrac{\text{Betriebskoeffizient} \times 100}{\text{Ertragsnorm}}$	
7. Materialpreisindex	$\dfrac{\text{eff. Materialkosten} \times 100}{\text{vorkalkulierte Materialkosten}}$	
8. Materialverbrauchsindex	$\dfrac{\text{IST-Mat.-Verbr. zu Verrechnungspr.} \times 100}{\text{SOLL-Mat.-Verbr. zu Verrechnungspreisen}}$	
9. Lohnsatzindex	$\dfrac{\text{IST-Löhne} \times 100}{\text{Lohnstunden} \times \text{Verrechnungssätze}}$	
10. Leistungsgrad	$\dfrac{\text{Vorgegebene (SOLL)-Stunden} \times 100}{\text{Tatsächliche (IST)-Stunden}}$	
11. Wertmäßige Nutzenschwelle	$\dfrac{\text{Verkaufserlös} \times \text{fixe Kosten}}{\text{Verkaufserlös} - \text{variable Kosten}}$ oder $\dfrac{\text{Verkaufserlös} \times \text{fixe Kosten}}{\text{Reingewinn} + \text{fixe Kosten}}$	

Kennzahl	Formel	Kommentar/Synonym
725 *Erfolgsstruktur*		
1. Aufwandsstruktur	Aufwandsarten in Prozenten des Gesamtaufwandes, Nettoumsatzes, Gesamtertrages usw.	
2. Ertragsstruktur	Ertragsarten in Prozenten des Gesamtertrages	
726 *Abschreibungen* Keine spezielle Bezeichnung der entsprechenden Kennzahlen	Abschreibungen in % der Restwerte des Vorjahres Abschreibungen in % des Neuwertes Abschreibungen pro Fertigungsstunde Restwerte Ende Jahr in % des Neuwertes Bilanzmäßiger Restwert in % des kalkulierten Restwertes Kalkulierter Restwert in % des bilanzmäßigen Restwertes	Die Kennzahlen können sowohl für die kalk. als auch für die bilanzmäßigen Abschreibungen berechnet werden
727 *Cash Flow*		
1. Cash Flow *)	Liquiditätswirksame Erträge − Liquiditätswirksame Aufwände = Cash Flow	direkte Methode

Kennzahl	Formel	Kommentar/Synonym
	Unternehmungserfolg + Rücklagenerhöhung − Rücklagenauflösung + Erhöhung Rückstellungen − Auflösung Rückstellungen + a.o. (neutrale) Aufwände − a.o. (neutrale) Erträge = Cash Flow	indirekte Methode
	Gewinn + Abschreibungen = Cash Flow	Praktikermethode (ungenau)
2. Verschuldungsfaktor	$\dfrac{\text{Effektivverschuldung *1)}}{\text{Cash Flow}}$	*) Synonyme: − selbsterarbeitete Mittel − Finanzüberschuß − verfügbare erarbeitete Mittel − Einnahmenüberschuß ohne Finanzoperationen *1) Fremdkapital ./. flüssige Mittel ./. kurzfristige Forderungen
3. Cash-Flow-Grad	$\dfrac{\text{Cash Flow} \times 100}{\text{Umsatz}}$	
728 *Wertschöpfung*		
1. Wertschöpfung	Gesamtleistung − Vorleistungen = Wertschöpfung	
2. pro Beschäftigten	$\dfrac{\text{Wertschöpfung}}{\text{Beschäftigte Personen}}$	

8
Kennzahlenermittlung und
Kennzahlenanalyse anhand
praktischer Beispiele

81 Beispiel Detailhandelsbetrieb:
Betriebsindividuelles Kennzahlengerüst und zwischenbetrieblicher Vergleich

811 Ausgangslage/Basisdaten

Zur Erarbeitung eines betriebsindividuellen Kennzahlengerüstes stehen folgende bereinigte Basisdaten *1) zur Verfügung:

Bereinigte Bilanzen

	19.5	19.6		19.5	19.6
Kassa	1 800	2 200	Kreditoren	16 000	18 500
Post	4 000	3 600	langfristiges		
Bank	9 000	9 300	Darlehen	25 000	25 000
Debitoren	5 700	6 400			
Warenbestand	69 000	65 000	Eigenkapital	66 500	60 000
Mobilien	18 000	17 000			
	107 500	103 500		107 500	103 500

Bereinigte Erfolgsrechnungen

	19.5	19.6		19.5	19.6
Warenaufwand	175 000	185 000	Nettoumsatz	270 000	286 200
Personalkosten *2)	60 000	62 000			
Raumkosten	18 000	19 000			
Kapitalzinsen	1 300	1 300			
Unterhalt	2 000	2 500			
Verwaltung, Werbung	3 000	3 500			
Abschreibungen	4 000	4 200			
sonst. Unkosten	3 000	2 000			
Reingewinn	3 700	6 700			
	270 000	286 200		270 000	286 200

*1) Vorgehen zur Ermittlung dieser bereinigten Daten vergl. Punkt 43
*2) inkl. Unternehmerlohn

Bereinigte Erfolgsrechnungen

● Zusätzliche Angaben für das Jahr 19.6:

⁴/₅ des Umsatzes sind Barverkäufe, ⅕ wird auf Kredit verkauft zu den Konditionen: 10 Tage 2 %, 30 Tage netto.
für die Lieferanten gelten im allgemeinen folgende Zahlungskonditionen: 30 Tage netto

Anzahl Verkäufe (Kunden)	26 350 *3)
Verkaufsfläche	190 m²

● Zwischenbetriebliche Vergleichszahlen aus der Verbandsstatistik pro 19.6:

Struktur der Erfolgsrechnung	siehe Punkt 814/lit. b
Lagerdauer	100 Tage
Umsatz pro Verkauf	Fr. 11.30
Umsatz je m² Raumfläche	Fr. 1390.–

812 Betriebsindividuelles Kennzahlengerüst

Der Betriebsinhaber hat sich entschlossen, seinen Abschluß pro 19.6 mit Hilfe eines einfachen, später jederzeit ausbaubaren Kennzahlengerüstes zu analysieren.

Er wählte das auf Seite 148 wiedergegebene Formular und ermittelte als Basis für den Vergleich mit kommenden Geschäftsjahren die dort aufgeführten Kennzahlen.

---

*3) Ermittelt anhand der Anzahl Totale auf dem Kassakontrollstreifen und der Anzahl Debitorenfakturen

Betriebliche Kennzahlen Detailhandelsbetrieb pro 19. 6

Bereich	Kennzahl	Formel	*	Werte
Gesamt-unter-nehmung	Erfolgskoeffizient	$\dfrac{\text{Gewinn} \times 100}{\text{Umsatz}}$	*1	2,34%
	Kapitalumschlag	$\dfrac{\text{Umsatz}}{\text{Eigenkapital}}$	*2	4,52 ×
	Eigenkapital-rentabilität	Erfolgskoeffizient × Kapitalumschlag		10,6%
	Cash Flow	Reingewinn + Abschreibungen	*3	Fr. 10 900.–
	Cash-Flow-Grad	$\dfrac{\text{Cash Flow} \times 100}{\text{Umsatz}}$		3,8%
Kosten-/Umsatz-bereich	Bruttogewinnmarge	$\dfrac{\text{Bruttogewinn} \times 100}{\text{Umsatz}}$	*4	35,4%
	Struktur der Erfolgs-rechnung jeweils in % des Umsatzes:			
	Warenaufwand	$\dfrac{\text{Warenaufwand} \times 100}{\text{Umsatz}}$		64,6%
	Personalkosten	analog		21,7%
	Raumkosten	analog		6,6%
	Abschreibungen	analog		1,5%
	übrige Unkosten	analog	*5	3,2%
	Umsatz pro Verkauf	$\dfrac{\text{Umsatz}}{\text{Anzahl Verkäufe}}$		Fr. 10.86
	Umsatz pro m² Verk'fl.	$\dfrac{\text{Umsatz}}{\text{Anzahl m}^2}$		Fr. 1506.32
Lager	Lagerumschlag	$\dfrac{\text{Warenaufwand}}{\varnothing \text{ Bestand}}$	*6	2,76 ×
	⌀ Lagerdauer	$\dfrac{360}{\text{Lagerumschlag}}$		130 Tage
Debitoren	⌀ Debitorenziel	$\dfrac{360}{\text{Debitorenumschlag}}$	*7	38 Tage
Kreditoren	⌀ Kreditorenziel	$\dfrac{360}{\text{Kreditorenumschlag}}$	*8	34 Tage
Finanz-bereich	Liquidität 2. Grades	$\dfrac{\text{Geld} + \text{Debitoren}}{\text{Kreditoren}}$		1,16
	Eigenfinanzierungsgrad	$\dfrac{\text{Eigenkapital} \times 100}{\text{Gesamtkapital}}$	*9	60%

* siehe Erläuterungen Seite 149

813 Erläuterungen zu den Berechnungen

*1) Gewinn lt. Erfolgsrechnung 6 700
 (es wurde kein EK-Zins verbucht)
 Umsatz lt. Erfolgsrechnung 286 200

*2) Eigenkapital: $\dfrac{(66\,500 + 60\,000)}{2} = 63\,250$

*3) Da von einer bereinigten Jahresrechnung ausgegangen wird, kann diese einfache Berechnungsformel angewandt werden, weil die Bewegungen der stillen Reserven anläßlich der Bereinigung der offiziellen Jahresrechnung berücksichtigt wurden.

*4) Umsatz 19.6 286 200
 Warenaufwand 185 000
 Bruttogewinn 101 200

*5) Kapitalzinsen 1 300
 Unterhalt 2 500
 Verwaltung/Werbung 3 500
 sonstige Unkosten 2 000
 Total übrige Unkosten 9 300

*6) ⌀ Lagerbestand $\dfrac{(69\,000 + 65\,000)}{2} = 67\,000$

*7) ⌀ Debitorenbestand $\dfrac{(5\,700 + 6\,400)}{2} = 6\,050$
 Debitorenumsatz ⅕ von 286 200 = 57 240
 Debitorenumschlag $\dfrac{57\,240}{6\,050} = 9{,}5\,x$

*8) ⌀ Kreditorenbestand $\dfrac{(16\,000 + 18\,500)}{2} = 17\,250$
 Wareneinkauf 185 000
 Bestandesabnahme
 der Warenvorräte − 4 000
 Einkäufe auf Kredit 181 000
 Kreditorenumschlag $\dfrac{181\,000}{17\,250}$ 10,5 ×

*9) Der Berechnung wurden die ⌀-Werte von 19.5 + 19.6 zugrunde gelegt.

814 Analyse und Kommentar

a) Kennzahlen zur Gesamtunternehmung

Nachdem diese Kennzahlen hier erstmals ermittelt wurden und somit betriebsindividuelle Vergleichswerte fehlen, werden sie in erster Linie als Vergleichsbasis für kommende Rechnungsperioden dienen.

Die Rentabilität des Eigenkapitals kann als gut bezeichnet werden. Dagegen liegt der Erfolgskoeffizient mit 2,34 % leicht unter dem Wert der Verbandsstatistik, die einen Wert von 2,5 % als Branchenmittel nennt.

Der Cash-Flow-Grad weist darauf hin, daß 3,8 % des Umsatzes als Finanzierungspotential für künftige Investitionen zur Verfügung stehen.

b) Kosten-/Umsatzbereich

Hier ist ein zwischenbetrieblicher Vergleich im Sinne einer Standortbestimmung mit den Zahlen aus der Verbandsstatistik möglich.

	eigene Werte	Verbands- Statistik	+/−
	%	%	%
Bruttogewinn	35,4	35	+ 0,4
Warenaufwand	64,6	65	− 0,4
Personalkosten	21,7	18,5	+ 3,2
Raumkosten	6,6	8,5	− 1,9
Abschreibungen	1,5	1,5	−
übrige Kosten	3,2	4	− 0,8
Umsatz pro Verkauf Fr.	10.86	11.30	− 0.44
Umsatz pro m² Verkaufsfläche Fr.	1506.32	1390.—	+116.32

Dieser zwischenbetriebliche Vergleich aus dem Kosten- und Umsatzbereich zeigt folgende wesentlichen Feststellungen:

- Die Personalkosten liegen um 3,2 % über dem Branchenmittel. Diese Abweichung war im abgelaufenen Geschäftsjahr darauf zurückzuführen, daß der Betriebsinhaber einen höheren Unternehmerlohn bezog, als in der Verbandsstatistik durchschnittlich eingerechnet.
- Die günstigen Raumkosten, welche um 1,9 % unter dem Branchendurchschnitt liegen, sind durch zwei Faktoren bedingt:
  - die effektive Verkaufsfläche ist geringer als branchenüblich
  - da sich das Geschäft in einem Altbau befindet, ist auch der Mietzins verglichen mit ähnlichen Geschäftslagen günstig.

- Trotz der geringeren Raumfläche hält sich der Verkaufsumsatz in Franken pro m² um Fr. 116.32 über dem Branchendurchschnitt. Hier wirken sich u. a. die günstige Verkehrslage des Geschäftes, die gute Bedienung und der hohe Lieferbereitschaftsgrad positiv aus.
- Obwohl der Umsatz pro Verkauf den Branchendurchschnitt nicht ganz erreicht, ist die vorhandene negative Abweichung von Fr. −.44 pro Verkauf nicht gravierend.
Starke Abweichungen auf diesem Sektor lassen auf unterschiedliche Strukturierung der Kunden (z. B. viele Kleinverkäufe oder vermehrte Großbestellungen) schließen.

c) Lager

Die Lagerumschlagsdauer liegt mit 130 Tagen wesentlich über dem Branchendurchschnitt von 100 Tagen.

Der in lit. b) erwähnte hohe Lieferbereitschaftsgrad wird also mit entsprechend hohen Warenbeständen und damit einem schlechteren Lagerumschlag erkauft.

Hier wird die bekannte Abhängigkeit zwischen Lieferbereitschaft einerseits und Lagerkosten andererseits deutlich.

d) Debitoren/Kreditoren

Die Debitorenzahlungsfrist liegt im Durchschnitt 8 Tage über der äußersten Zahlungsnorm von 30 Tagen netto. Sie darf aber immer noch als befriedigend gelten, umsomehr als die Unternehmung keine akuten Liquiditätsschwierigkeiten hat.

Gegebenenfalls könnte geprüft werden, ob durch eine Änderung der Zahlungskonditionen (z. B. Verlängerung der Skontofrist) oder durch gezieltere Mahnungen noch eine Verbesserung der Zahlungsfrist erreicht würde.

Das ∅ Kreditorenziel zeigt eine gesunde Zahlungsmoral der Unternehmung. Der Lieferantenkredit wurde im Durchschnitt 4 Tage über die Norm beansprucht.

e) Finanzbereich

Die Liquidität 2. Grades war am Bilanzstichtag gut.

Der Eigenfinanzierungsgrad von 60% läßt auf eine solide Eigenfinanzierungsbasis der Unternehmung schließen.

82 Beispiel Produktionsbetrieb: Produktivitätsanalyse

821 Ausgangslage/Basisdaten

In einem Produktionsbetrieb werden drei verschiedene Produkte hergestellt. Die Geschäftsleitung will sich über die Produktivität der Fertigung ein genaues Bild machen. Es soll deshalb ab dem Jahr 19.1 eine Auswertung und Analyse der Produktivität mit Hilfe von Kennzahlen durchgeführt werden.

8211 SOLL-Werte

Die jährliche totale SOLL-Arbeitszeit der 30 Arbeiter nach Abzug der Ferien und der gemäß Personalstatistik durchschnittlich anfallenden Absenzen beträgt 63 300 Stunden.

Für die drei Produkte wurde aufgrund der technischen Einrichtungen folgende wirtschaftliche Kapazität ermittelt:

- Produkt A   61 500 Stück
- Produkt B   19 000 Stück
- Produkt C   81 000 Stück

Aufgrund der Zeitmessungen ergaben sich für die einzelnen Produkte folgende Vorgabezeiten:

- Produkt A   7 Minuten
- Produkt B   28 Minuten
- Produkt C   35 Minuten

Da die einzelnen Produkte die Kapazität verschieden lange beanspruchen, wurde mit Hilfe von Äquivalenzziffern eine Gewichtung vorgenommen:

Produkt	Äquivalenzziffer*
A	1
B	4
C	5

* Die Berechnung dieser Äquivalenzziffern wurde wie folgt vorgenommen:

Totalzeit aller Produkte   70 Minuten
$\frac{1}{10}$ davon   7 Minuten
Äquivalenzziffer A   7:7 = 1
                 B 28:7 = 4
                 C 35:7 = 5

Zur Errechnung der Produktivitätskennzahlen werden sog. *Rechnungseinheiten* (RE) gebildet, die nach folgender Formel berechnet werden:

Anzahl Stück × Äquivalenzziffer = RE

8212 IST-Werte

Die Produktionsrapporte ergaben folgende effektiven Werte:

Jahr	19.1	19.2
Produktion A–C total Stück	128 119	126 283
Arbeitsstunden	55 700	60 135
Rechnungseinheiten	362 076	493 107

822 Ermittlung der Produktivitätskennzahlen

8221 Kapazität

Artikel	A	B	C	Total
SOLL-Produktion in Stück	61 500	19 000	81 000	161 500
Äquivalenzziffern	1	4	5	
SOLL-Rechnungseinheiten	61 500	76 000	405 000	542 500

8222 SOLL-Leistungsergiebigkeit des Betriebes

Formel: $\dfrac{\text{SOLL-Rechnungseinheiten}}{\text{SOLL-Arbeitszeit}} = \dfrac{542\,500}{63\,300} = 8{,}57 \text{ RE/h}$

Bei voller Auslastung der Kapazität ergibt sich eine Leistungsergiebigkeit von 8,57 Recheneinheiten pro Stunde.

8223 Beschäftigungsgrad beider Jahre

Formel: $\dfrac{\text{IST-Arbeitsstunden} \times 100}{\text{Kapazitätsstunden}}$

19.1: $\dfrac{55\,700 \times 100}{63\,300} = 88\%$

19.2: $\dfrac{60\,135 \times 100}{63\,300} = 95\%$

8224 IST-Leistungsergiebigkeit des Betriebes

a) *je Stück/h*

	19.1	19.2
produzierte Stücke	128 119	126 283
Arbeitsstunden	55 700	60 135
IST-Leistungsergiebigkeit: $\dfrac{\text{Produzierte Stück}}{\text{Arbeitsstunden}} =$	2,3 Stk./h	2,1 Stk./h

b) *je Rechnungseinheit/h*

	19.1	19.2
produzierte RE	362 076	493 107
Arbeitsstunden	55 700	60 135
IST-Leistungsergiebigkeit	6,5 RE/h	8,2 RE/h

c) *Kommentar*

Die Leistungsergiebigkeit pro Stück ergibt ein falsches Bild, weil hier die ungewichteten Werte verglichen werden. Die Produktivität des Jahres 19.2 erscheint um 0,2 Stück pro Stunde schlechter als diejenige des Jahres 19.1.

Die gewichtete, anhand der Rechnungseinheiten ermittelte Gegenüberstellung zeigt dagegen richtigerweise eine Steigerung der Produktivität um 1,7 Recheneinheiten im Jahre 19.2. Diese Kennzahl ist wesentlich aussagekräftiger, weil sie den pro Artikel verschiedenen Produktionszeiten Rechnung trägt.

8225 NORM-Vergleich

	Norm	19.1	19.2
Rechnungseinheiten	542 500	362 076	493 107
Leistungsergiebigkeit (LE in RE/h)	8,57	6,5	8,2
Beschäftigungsgrad (BG in %)	100	88	95

Die Analyse der Normabweichungen für beide Jahre ist auf dem Formular «*Norm-Vergleich*» im Detail erläutert (Seite 155).

Die unter Punkt 4 aufgeführte Rundungsdifferenz entstand, weil die IST-Leistungsergiebigkeit nur auf 1 Kommastelle berechnet und der Beschäftigungsgrad auf ganze % gerundet wurde.

Norm-Vergleich		19.1		19.2
	%	RE	%	RE
1 *Ermittlung Gesamtabweichung*				
NORM-Rechnungseinheiten	100	542 500	100	542 500
IST-Rechnungseinheiten	67	362 076	91	493 107
Gesamtabweichung	33	−180 424	9	−49 393
2 *Einfluß Beschäftigungsgrad*	BG%		BG%	
NORM-RE zu NORM-BG	100	542 500	100	542 500
NORM-RE zu IST-BG	88	477 400	95	515 375
Einfluß Beschäftigungsgrad		− 65 100		−27 125
3 *Einfluß Leistungsergiebigkeit*	RE/h		RE/h	
NORM-Leistungsergiebigkeit	8,57		8,57	
NORM-RE zu IST-BG		477 400		515 375
IST-Leistungsergiebigkeit	6,5		8,2	
Formel: $\frac{\text{NORM-RE zur IST-BG} \times \text{IST-LE}}{\text{NORM-LE}}$		362 089		493 124
Einfluß Leistungsergiebigkeit		−115 311		−22 251
4 *Kontrolle*	%		%	
Einfluß Beschäftigungsgrad	36	− 65 100	55	−27 125
Einfluß Leistungsergiebigkeit	64	−115 311	45	−22 251
Rundungsdifferenz		− 13		− 17
Gesamtabweichung wie oben	100	−180 424	100	−49 393

8226 Analyse der Produktionsveränderung 19.1/19.2

Die Gegenüberstellung und die Analyse der Abweichungen ist auf dem Formular «*Produktionsveränderungs-Analyse*» festgehalten.

8227 Zusammenfassender Kommentar

Die verschiedenartigen Herstellungsverfahren der untersuchten Artikel A−C machen zur Berechnung der Unternehmungsproduktivität eine Gewichtung der Leistungsgröße notwendig.
  Der NORM-Vergleich zeigt, daß die wirtschaftliche Kapazitätsauslastung nicht zu 100 % erreicht und auch die Leistungsergiebigkeitsnorm von 8,57 RE/h nicht realisiert wurde.

Produktionsveränderungsanalyse

		19.1		19.2		Abweichung
		RE		RE		RE
Kapazität		542 500		542 500		
Beschäftigungs-grad (BG)	88%		95%		+7%	
Leistungs-ergiebigkeit (LE)	6,5 RE/h		8,2 RE/h		+1,7 RE/h	
		%		%		%
IST-Produktion	100	362 076	136,2	493 107		+36,2 +131 031
Einfluß Beschäftigungsgrad						
IST-RE zu BG 19.1		362 076				
IST-RE zu BG 19.2	*1)			390 877	+22	+ 28 801
Einfluß Leistungsergiebigkeit						
IST-RE zu BG 19.2		390 877				
LE: $\dfrac{\text{IST-RE zu BG 19.2} \times \text{LE 19.2}}{\text{LE 19.1}}$ = *2)				493 107	+78	+102 230
Kontrolle						
Gesamtabweichung wie oben						100 +131 031

*1) $\dfrac{362\,076 \times 95}{88}$

*2) $\dfrac{390\,877 \times 8,2}{6,5}$

Während im Jahre 19.2 die Abweichung in der Produktivität 0,37 RE/h oder 4,3 % betrug, belief sie sich pro 19.1 sogar auf 2,07 RE/h oder 24 %.

Ein gleiches Bild zeigt auch der Vergleich zwischen der wirtschaftlichen und der effektiv erreichten Kapazitätsauslastung (88 % für 19.1 und 95 % für 19.2).

Der Produktionsveränderungsanalyse der Jahre 19.1/19.2 ist folgendes zu entnehmen:

- Der Beschäftigungsgrad konnte um 7 % gesteigert werden, was einen um 28 801 RE höheren Ausstoß zur Folge hatte.

- Die Produktivität stieg um 1,7 RE/h an. Es wurde dadurch eine Produktionssteigerung um 102 230 RE erreicht, was rund 21 % der IST-Produktion von 19.2 entspricht.
- Die gesamte Produktionssteigerung pro 19.2 betrug 131 031 RE oder 36,2 % der Vorjahresproduktion.

Im Jahr 19.2 ist es also gelungen,

a) die wirtschaftliche Kapazität zu 95 % zu nutzen und
b) die Leistungsergiebigkeit gegenüber 19.1 wesentlich zu steigern,

ohne jedoch die NORM-Werte voll zu erreichen.

83 Beispiel Gastgewerbe: Bilanzanalyse/Umsatzkennzahlen

831 Ausgangslage/Basisdaten

Anhand der nachstehenden Bilanzen eines alkoholfreien Restaurationsbetriebes soll eine kurze Bilanzanalyse vorgenommen werden.

Aktiven	19.3	19.4	Passiven	19.3	19.4
Flüssige Mittel	6 200	2 100	Lieferanten	22 200	15 300
Kundenguthaben	600	800	Schulden		
Vorräte	14 000	12 000	Betriebsaufwand Bankschulden	7 000	4 300
Büromobiliar	1 800	1 500	Kto. Krt.	5 000	6 000
Maschinen	6 800	5 900	langfr. Darlehen	15 000	15 000
Glas, Porzellan, Besteck	7 500	5 000	Eigenkapital	12 200	8 000
Mobiliar	11 500	13 000			
Fahrzeug	13 000	8 300			
	61 400	48 600		61 400	48 600

- Zusätzliche Angaben:
  Bei den Bankschulden handelt es sich um einen Lombardkredit, kündbar auf 3 Monate.
  Das langfristige Darlehen ist auf 2 Jahre kündbar.

Umsatz	19.3	19.4
Küche/Keller	493 000	551 000
Rauchwaren	7 400	7 700
übriger	3 500	5 000
Umsatz total	503 900	563 700

100 Plätze; geöffnet 280 Tage pro Jahr
Raum: 275 m²

832 Bilanzanalyse und Kommentar

Das Formular *«Bilanzanalyse Restaurationsbetrieb»* auf Seite 160 enthält die wichtigsten Bilanzkennzahlen für die Jahre 19.3 und 19.4.

Es zeigt sich dabei folgendes Bild:

Investierung

Im Gastgewerbe ist ein Immobilisierungsgrad zwischen 80 und 90% üblich. Dieser Wert ist im vorliegenden Fall mit 66% pro 19.3 und 70% pro 19.4 nur deshalb nicht erreicht, weil dieser Betrieb keine eigene Liegenschaft besitzt.

Finanzierung

Der ausgewiesene Eigenfinanzierungsgrad von 20% pro 19.3 und 16% pro 19.4 ist als schlecht anzusehen. Selbst wenn man den besonderen Finanzierungsverhältnissen im Gastgewerbe Rechnung trägt und einen ⌀ Eigenkapitalanteil von 30% als normal betrachtet, sind die ausgewiesenen Ergebnisse ungenügend.

Die Entwicklung zwischen den beiden Bilanzen zeigt zudem sowohl eine zunehmende Immobilisierung des Vermögens als auch einen rückläufigen Eigenfinanzierungsgrad.

Anlagendeckung

Die Kennzahlen beider Jahre weisen auf eine schlechte Finanzierung des Anlagevermögens hin.

Lediglich 67 resp. 68% des Anlagevermögens sind hier durch Eigenkapital und langfristiges Fremdkapital gedeckt. Anders ausgedrückt, finanziert dieser Betrieb 33 resp. 32% seines Anlagevermögens aus kurzfristigen Mitteln, was aus liquiditätspolitischen Gründen äußerst riskant ist.

Liquidität

Die bereits bei der Anlagendeckung angedeuteten Liquiditätsprobleme bestätigen sich durch die beiden statisch ermittelten Liquiditätskennzahlen.

Die Zahlungsbereitschaft ist sowohl im 2. wie 3. Grad völlig ungenügend.

Dieser Betrieb hat ernsthafte Liquiditätsschwierigkeiten und ist damit unmittelbar bedroht. Erschwerend fällt dabei noch ins Gewicht, daß im Vergleich der beiden Jahre keine Besserung eingetreten ist.

Sofern es dieser Unternehmung nicht gelingt, zusätzliche flüssige Mittel zu beschaffen und parallel dazu die Finanzierungsstruktur und die Anlagedeckung zu verbessern, wird sie bald völlig illiquid sein.

833 Umsatzkennzahlen

Diese Kennzahlen dienen für den betrieblichen Vergleich über mehrere Rechnungsperioden. Im Gastgewerbe sind es zudem Größen, die auch im zwischenbetrieblichen Vergleich als Maßstab beigezogen werden.

Die Beurteilung dieser Zahlen hängt von den betriebsindividuellen Faktoren (wie z. B. Lage des Betriebes, Sortiment, Gästestruktur, Betriebsgröße usw.) ab.

Die vorliegenden Zahlen zeigen im Gegensatz zu den oben besprochenen Bilanzkennzahlen ein positives Bild. Es gelang, die einzelnen Werte pro 19.4 entscheidend zu verbessern.

Wichtig wird nun sein, zu untersuchen, ob diese Umsatzexpansion mit einer Kostenexplosion erkauft wurde. Dazu ist eine Analyse der Erfolgsrechnung nötig.

Bilanzanalyse Restaurationsbetrieb							
1	Bilanzstruktur						
		19.3		19.4		+/−	
	Investierung	Fr.	%	Fr.	%	Fr.	%
	Umlaufvermögen	20 800	34	14 900	30	−5 900	−4
	Anlagevermögen	40 600	66	33 700	70	−6 900	+4
	Gesamtvermögen	61 400	100	48 600	100		
	Finanzierung						
	Fremdkapital	49 200	80	40 600	84	−8 600	+4
	Eigenkapital	12 200	20	8 000	16	−4 200	−4
	Gesamtkapital	61 400	100	48 600	100		
2	Anlagendeckung					Deckungs-grad in %	
						19.3	19.4
	Anlagevermögen	40 600		33 700			
	− Eigenkapital	12 200		8 000			
	Anlagendeckung I	−28 400		−25 700		30	24
	− langfristiges FK	15 000		15 000			
	Anlagendeckung II	−13 400		−10 700		67	68
3	Liquidität					19.3	19.4
	− 2. Grades $\dfrac{\text{(Flüssige Mittel + Deb.)}}{\text{kurzfr. Verbindlichkeiten}} =$					0,2 : 1	0,1 : 1
	− 3. Grades $\dfrac{\text{Umlaufvermögen}}{\text{kurzfr. Verbindlichkeiten}} =$					0,6 : 1	0,6 : 1
4	Umsatzkennzahlen					19.3	19.4
	Umsatz Küche/Keller pro Stuhl und Tag					Fr. 17.61	Fr. 19.68
	Umsatz Küche/Keller pro m²					Fr. 1793	Fr. 2003
	Gesamtumsatz pro Stuhl und Tag					Fr. 18.—	Fr. 20.13
	Gesamtumsatz pro m²					Fr. 1832	Fr. 2050

9
Schlußbemerkungen

Die aus den Kennzahlen gewonnenen Informationen über die Unternehmung als Ganzes oder über einzelne Betriebsbereiche erleichtern der Geschäftsleitung zweifellos ihre Aufgabe, indem sie jene Grunddaten liefern, die für eine gezielte Entscheidungsvorbereitung notwendig sind. Dabei ist zu berücksichtigen, daß nicht alle Informationen von gleicher Wichtigkeit sind und auch die zu treffenden Entscheidungen gewissermaßen nach einer Rangordnung klassifiziert werden müssen. Diese Rangordnung wird sich nicht nur nach der Dringlichkeit einer Entscheidung, sondern auch nach den Bedürfnissen der einzelnen Betriebsbereiche und Ebenen der Unternehmung zu richten haben.

Kennzahlen sind kein Privileg der Großbetriebe. Gerade der Klein- und Mittelbetrieb ist infolge seiner meistens noch guten Überschaubarkeit für ein Arbeiten mit Kennzahlen prädestiniert. Natürlich müssen für einen gezielten und wirtschaftlichen Einsatz von Kennzahlen solide Basisdaten vorhanden sein. Dabei ist in erster Linie ein gut ausgebautes, wirtschaftliches und zudem dem Betrieb bedürfnisgerecht angepaßtes Finanz- und Rechnungswesen Voraussetzung.

Bei unqualifizierter Anwendung verlieren die Kennzahlen ihren Wert für die Unternehmungsführung. Gerade die Einfachheit der Rechenoperationen bei der Anwendung von Kennzahlen täuscht leicht über die Problematik der gezielten Anwendung hinweg, so daß nicht selten nach Fehlinformationen durch fragwürdige Kennzahlenbildung und falsche Kennzahleninterpretation Enttäuschungen über die Aussagekraft von Kennzahlen entstehen.

Die wichtigsten Voraussetzungen für ein erfolgreiches Arbeiten mit Kennzahlen sind daher abschließend nochmals kurz in den nachstehenden Leitsätzen verankert:

- *Mit Hilfe von Kennzahlen lassen sich Informationslücken schließen. Damit erscheinen die betrieblichen Zusammenhänge übersichtlicher und transparenter. Kennzahlen sind besonders dann von hohem Nutzen, wenn sie regelmäßig, nach einem gezielt festgelegten Kennzahlengerüst erhoben und analysiert werden.*

- *Nicht die Quantität der erhobenen Kennzahlen, sondern der nach den betriebsindividuellen Bedürfnissen festgelegte Umfang von qualitativ einwandfrei erhobenen Kennzahlen bestimmt für die einzelne Unternehmung die Nützlichkeit dieses Führungshilfsmittels.*

- *Kennzahlen sind für die Unternehmungsleitung nur von Nutzen, wenn sich die zuständigen Organe mit ihnen auseinandersetzen und die erhaltenen Werte sorgfältig analysieren. Die einzelne Kennzahl darf nicht isoliert betrachtet werden. Erst wenn sie in einen größeren Zusammenhang gestellt wird und entsprechende Vergleichswerte oder Maßstäbe zur Verfügung stehen, sind Kennzahlen ein Führungshilfsmittel der Geschäftsleitung.*

- *Kennzahlen dienen nicht nur der Analyse des IST-Zustandes, sondern stellen auch ein wertvolles Planungsinstrument dar, weil mit ihrer Hilfe Planungsgrößen festgelegt werden können. Im weitern liefern Kennzahlen Angaben zur Steuerung des Betriebsablaufes, und nicht zuletzt sind sie die Grundlage für den SOLL-/IST-Vergleich und die Analyse der entstandenen Abweichungen.*

- *Beim zwischenbetrieblichen Vergleich von Kennzahlen müssen die Erhebungsmodalitäten stets genau bekannt sein. Die Unternehmungsleitung muß sich vergewissern, ob die zwischenbetrieblich erhobenen Kennzahlen auf bereinigten Werten beruhen und ob sie auf die betriebsindividuelle Struktur der eigenen Unternehmung anwendbar sind.*

- *Die Auswertung der Kennzahlen muß in ihrer Form den Empfängern angepaßt werden. Nicht vergessen werden darf, daß die Empfänger in den wenigsten Fällen Buchhalter sind. Die Beschränkung auf das Wesentliche, Klarheit und Übersichtlichkeit der Kennzahlensysteme sind Faktoren, auf die größter Wert zu legen ist. Graphische Darstellungen erleichtern die Interpretation der Zusammenhänge wesentlich.*

Die Unternehmungsleitung, welche Kennzahlen gezielt anwendet, wird besser informiert sein und dadurch ihre unternehmerischen Entscheide sicherer, rationeller und schneller treffen können.

10
Verzeichnis der Abkürzungen

AB	Anfangsbestand
Abschr.	Abschreibungen
a. o.	außerordentlich
AV	Anlagevermögen
BA	Bestandesabnahme
BZ	Bestandeszunahme
EB	Endbestand
EK	Eigenkapital
EP	Einstandspreis (Einkaufspreis plus Bezugsspesen)
FIBU	Finanzbuchhaltung
FK	Fremdkapital
GK	Gesamtkapital
HK	Herstellkosten
IST	effektiver Wert
KA	Kostenart
kalk.	kalkulatorisch
KS	Kostenstelle
KT	Kostenträger
Mat. Verbr.	Materialverbrauch
Prod. h	produktive Stunden
Prop. Kosten	proportionale (variable Kosten)
R	Rentabilität
SOLL	budgetierter Wert/Planwert
UV	Umlaufvermögen
VV GK	Verwaltungs- und Vertriebsgemeinkosten
$^1/_1$-Fabrikate	Fertigfabrikate
$^1/_2$-Fabrikate	Halbfabrikate
∅	Durchschnitt

11 Literaturverzeichnis

Bernhard A., Planung und Überwachung der Unternehmung mit Hilfe des Rechnungswesens, Bern, 1965
Bienz P., Bilanzinterpretation, Zürich, 1975
Boemle M., Unternehmungsfinanzierung, Zürich, 1975
Bucher J., Analyse der Belegschaft, Zürich, 1975
Bürgi A., Einführung in die Kostenrechnung, SIU Bern, 1974
— Die Auswertung des Jahresabschlusses als Führungsaufgabe, Bern, 1975
— ISO-DB-Kurven – ein Instrument der Verkaufsplanung, Büro+Verkauf, 1981
— Rationelle Unternehmungsführung mit Kennzahlen, Bern, 1975
— Repetitorium I+II, Hauptprüfung Buchhalterdiplom, Bern, 1976
Deyhle A., Controller-Handbuch, München, 1974
Gutenberg E., Einführung in die Betriebswirtschaftslehre, Wiesbaden, 1958
Heinen E., Die Unternehmung, 1/1972
Helbling C., Bilanz- und Erfolgsanalyse im Jahresabschluß- und Revisionsbericht, Bern
Hill W., Brevier der Unternehmungsfinanzierung, Bern, 1967
Hofer R., Bilanzanalyse, Bern, 1975
Hunziker A./Scheerer F., Statistik, Instrument der Betriebsführung, Zürich, 1975
Hürlimann W., Rechnungswesen im Umbruch, Zürich, 1968
Lachnit L., Kennzahlensysteme als Hilfsmittel der Unternehmungsanalyse und -steuerung, Zürich, 1974
Lutz B., Die finanzielle Führung der Unternehmung, Bern, 1976
Management/Enzyklopädie, diverse Autoren, München, 1975
Maßhardt H., Wehrsteuerkommentar, Ausgabe 1980, Zürich, 1980
Mellerowicz K., Allgemeine Betriebswirtschaftslehre, Berlin, 1963
Rietmann P., Bilanzanalyse, Zürich, 1972
Schott G., Kennzahlen, Instrument der Unternehmungsführung, Stuttgart, 1970
Twerenbold M. W., Kennzahlen für die Praxis – ein Vorschlag, St. Gallen, 1976
Ulrich/Hill, Brevier des Rechnungswesens, Bern, 1964
Zeigermann J. R., Elektronische Datenverarbeitung in der Materialwirtschaft, Stuttgart, 1970

12 Sachwortverzeichnis

Seite

A
Abschreibungen	40, 48, 143
Anlagekartei	41
Anlagendeckung	53, 57, 58, 135, 160
Anlagevermögen	34, 52
Anspannungskoeffizient	56
Aufwandstruktur	119

B
Bereinigung offizielle Bilanz	32f, 75
Bereinigung offizielle Erfolgsrechnung	43f, 76
Beschäftigungsgrad	87
Betrieblicher Leistungsprozeß	73
Betriebsaufwand	45, 47
Betriebsbuchhaltung	29
Betriebseigene Aufträge	47
Betriebskoeffizient	93
Betriebsminimum	108
Betriebsmaximum	109
Betriebsvergleich	31
Bewertungsgrundsätze	32f
Beziehungszahlen	14
Bruttogewinn	110
Budget/Budgetierung	23, 30

C
Cash Flow	130, 143
Current ratio	64, 136

D
Debitoren	35, 66f, 136
Deckungsbeitrag	111
Delkredere	35
Du-Pont-System	16, 84, 140

E
Effektivverschuldung	131, 144
Eigenkapital	43
ERFA-Gruppen	32
Erfolgsrechnung	43, 114f

167

Ergebniskontrolle	25
Ergiebigkeitsgrad	87
Erlös, Ertrag, Erfolg	46, 110, 111, 143
Ertragsstruktur	122

F

Finanzbuchhaltung	28
Finanzierung	55f, 134, 158, 160
Finanzplan	61
Formelsammlung	133f

G

Gewinnmaximum	108
Gliederungszahlen	14

H

Halb- und Fertigfabrikate	46

I

Immobilien	38
Immobilisierungsgrad	52
Indexzahlen	15
Interdependenzen Wirtschaftlichkeit/ Rentabilität/Liquidität	91
Investierung	51, 134, 160
ISO-Kurven	124f
IST-Wert	25, 28

K

Kapitalflußrechnung, Fonds	62, 63
Kapitalstruktur	82
Kennzahlen	
– Arten	13
– Auswahl, Aktualität	23, 25
– Vergleichswerte/Maßstäbe, Kontinuität	23
– Zusammenhänge	24
– Basisunterlagen	27f
Kennzahlensysteme	16f
Kreditoren	42, 66f, 136
Kritische Kostenpunkte	104f

L

Lager/Beschaffung	68f, 136
Leistungsergiebigkeit	87, 141
Leistungsgrad	103

Leverage-Effekt	82
Liquidität	55, 60f, 136, 148
Lohnkostenabweichung	102
Lorenz-Kurve	123

M

Materialaufwand	47, 99
Materialkostenabweichung	100
Materialvorräte	36
Meßzahlen	15

N

Nettoumlaufvermögen (net working capital)	58
Neutralrechnung	48
Nutzenschwelle (break even point)	107
Nutzengrenze	108

O

Optimaler Kostenpunkt	107

P

Planungsrechnung	30
Preisuntergrenze	112
Produktivität	73, 85f, 141

Q

Quick ratio	64, 136

R

Remanenz der Fixkosten	91
Rentabilität	73f, 138, 139
ROI (Return on investment)	17, 84, 140
Rückstellungen	43

S

Selbstfinanzierungsgrad	56

ST

Stille Reserven	33f
Strukturanalyse der Erfolgsrechnung	109

T

Transitorische Posten	38, 43

U
Umsatzkennzahlen 44, 122, 148, 150
Umschlagshäufigkeit 66

V
Vergleichsrechnung 28
Verhältniszahlen 13

W
Wertschöpfung 132
Wirtschaftlichkeit 73, 91, 93f, 142
Wirtschaftlichkeitsmessung im
  Lohnkostenbereich 102
Wirtschaftlichkeitsmessung im
  Materialbereich 99

Z
Zahlungsziel 67

2. stark erweiterte und aktualisierte Auflage

Dr. Frank Steiner,
Unternehmensberater, Zürich

Finanzielle Führung in der Praxis des Klein- und Mittelbetriebes

Band 15 der Schriftenreihe
«Unternehmungsführung im Gewerbe»
2. stark erweiterte Auflage 1986
141 Seiten, 15,5 × 22,5 cm
broschiert Fr. 37.–
ISBN 3 85621 016 4

Die Liquidität der Unternehmung entscheidet letztlich über Sein oder Nichtsein eines Betriebes. Diese Tatsache ist heute allgemein bekannt und wird durch die Praxis – zu der eben auch Konkurse gehören – immer wieder erhärtet. Die herausragende Bedeutung einer ausreichenden Liquidität wird etwa auch damit illustriert, dass sie mit der Luft, die wir zur lebensnotwendigen Atmung benötigen, verglichen wird. Man leitet daraus ab, dass ein Ausbleiben der Luft bzw. ein Aussetzen der Atmung sehr rasch zum Tode führt. Die finanzielle Führung ist infolgedessen für jeden Unternehmer eine existenzielle Führung, bei deren Bewältigung niemand sich Fehler leisten darf. Im Verlaufe der langjährigen Beratungstätigkeit konnte der Autor feststellen, dass viele Unternehmer, Geschäftsinhaber und Geschäftsleiter mittlerer und kleiner Betriebe trotz guter kaufmännischer und beruflicher Ausbildung in Fragen der finanziellen Führung oft gewisse Schwächen oder Unsicherheiten aufweisen. Dieses Buch soll die erkannten Lücken schliessen und für alle Personen mit finanzieller Verantwortung in der Unternehmung einen **Leitfaden für die finanzielle Führungsaufgabe darstellen.** Das Buch enthält viele bewährte Beispiele, Vorlagen, Formulare und Checklisten. Es soll dem Praktiker in der Unternehmung als Nachschlagewerk und Anleitung für Problemlösungen dienen.

 Cosmos Fachbuchhandel, Postfach 2637, 3001 Bern
Telefon 031/52 66 11   Telex 911 900 cosm

Die 20000 Sätze der Handels- und Privatkorrespondenz

Dieses tausendfach bewährte Standardwerk gehört in jedes Büro!

Cl. und G. Duttweiler
«Die 20000 Sätze» der
Handels- und Privat-
korrespondenz
496 Seiten, Leinen
Fr. 68.–

«Les 20000 phrases»
de la correspondance
commerciale et privée
424 pages, relié
Fr. 68.–

«The 20000 sentences»
of commercial and
private correspondence
460 pages, hardcover
Fr. 68.–

Profitieren Sie vom vorteilhaften Sonderpreis bei Abnahme der drei Bände: Fr. 175.– statt Fr. 204.–

Der Aussage im Untertitel entsprechend enthalten die drei Bände Tausende von Sätzen und Ausdrücken der Handels- und Privatkorrespondenz.

Ein neues und originelles Verweissystem hilft Ihnen, den unter einem bestimmten Stichwort gefundenen Satz in den beiden andern Sprachen zu finden.

Das von Cl. Duttweiler ausgedachte System der Querverweise verleiht Ihrer Übersetzung mehr Stil und Ausdruckskraft. Sie werden sich rasch und ohne Mühe in diesem neuen Werk zurechtfinden.

Die drei Bände sind weniger für Anfänger, als vielmehr für solche Benützer gedacht, denen es darauf ankommt, sich in der betreffenden Sprache gewandt auszudrücken.

Bekannt für rasche, unkomplizierte Lieferung, auch auf telefonische Bestellung bzw. Reservierung hin.

Telefon 031 52 66 11 oder über Telex 911 900 cosm